Detective Invisible – Kommissar Unsichtbar

von Corinna Wieja

Langenscheidt

Berlin · Madrid · München · Warschau · Wien · Zürich

Lektorat: Maren Giering-Desler
Englischsprachiges Lektorat: Charlotte Collins
Illustrationen: Jörg Hartmann
Umschlaggestaltung: init.büro für gestaltung, Bielefeld

www.krimis-fuer-kids.de
www.langenscheidt.de

Satz: kaltner verlagsmedien GmbH, Bobingen
Druck: Stürtz GmbH, Würzburg

ISBN 978-3-468-20892-8

12010

Inhalt

Gruß aus dem Jenseits

"Hallo, meine Lieben …"

Gebannt starrte Josy über den Schreibtisch hinweg auf den großen Fernseher, der ihre lächelnde Großtante Feodora zeigte. Die Testamentseröffnung war spannender, als sie gedacht hatte. Zu blöd nur, dass diese ausgerechnet in den Ferien stattfinden musste. Statt sich in Italien am Strand die Sonne auf den Bauch scheinen zu lassen, saß sie deshalb an einem regnerischen Tag in Brighton in einem Anwaltsbüro, in dem es so dunkel war wie in einer Geisterbahn.

Sie bemerkte, wie ihrer Mutter beim Anblick ihrer Tante eine Träne über die Wange kullerte, und drückte tröstend ihre Hand. Josy hatte ihre Großtante Feodora nie persönlich kennengelernt, wusste aber, dass ihre Mutter und sie sich regelmäßig Briefe geschrieben hatten. Die Tante war in den letzten Jahren als Hoteltesterin oft auf Reisen gewesen und hatte nach dem Sieg bei einem Billardturnier das Zeitliche gesegnet. Was ihren Sohn allerdings wenig zu kümmern schien.

Verstohlen schaute Josy zu Edward, der trotz des traurigen Anlasses völlig ungerührt mit seinem teuren Handy spielte.

Auf der anderen Seite des Schreibtischs drehte Notar Speckleton seinen großen ledernen Chefsessel zur Seite. Immer noch hielt er die Fernbedienung wie

ein Schwert von sich gestreckt, wohl damit der Fernseher ja nicht muckte.
Notar Speckleton war der Testamentsvollstrecker und außerdem ein alter Freund der verstorbenen Feodora. Alt im wahrsten Sinne des Wortes, dachte Josy. Mit seiner Glatze und den drei Haarsträhnen, die fein säuberlich quer über seinem Kopf lagen, wirkte er auf sie wie aus dem vorigen Jahrtausend. Sie schätzte ihn auf mindestens achtzig Jahre. Auch weil es ihn einige Mühe gekostet hatte, den Videorekorder überhaupt zum Laufen zu bringen, und Videorekorder waren ja nun wirklich vorsintflutlich.
Josy wandte ihren Blick wieder dem Fernseher zu. Das Bild zeigte eine lächelnde Tante, die sich eine graublaue Locke ihrer dauergewellten Haarpracht aus dem Gesicht strich. Gekleidet war sie in einen roten Kimono mit großen lilafarbenen Schmetterlingen.
Josy konnte sich das Lachen über diese gewagte Farbkombination kaum verkneifen, während die Tante fortfuhr: "Ich bin sicher, ihr habt mir eine schöne Beerdigung ausgerichtet. Also lasst uns über euer Erbe sprechen."
Josy hörte den leisen Spott in ihrer Stimme, als sie sagte: "Edward, du hast mehr als einmal versucht, mich davon zu überzeugen, dir Pyeville **Manor** zu überschreiben und ins Seniorenheim zu ziehen …"

---

manor Gutshof

"**That would have been best** for all of us", knurrte Edward leise. Dank seiner Mutter Feodora, die ursprünglich aus Deutschland stammte, war er zweisprachig aufgewachsen und beherrschte die deutsche und die englische Sprache. Im Gegensatz zu Feodora weigerte er sich aber aus Prinzip, Deutsch zu sprechen. "Das hat mich natürlich stutzig gemacht", fuhr Tante Feodora fort. "Und ich hege die Vermutung, dass du Pyeville Manor schnellstmöglich verkaufen willst. Deshalb habe ich das Anwesen dir, mein lieber Sohn …" Tante Feodora machte eine kleine bedeutungsvolle Pause und zwinkerte vergnügt, als sie sagte: "… natürlich nicht vererbt, sondern deiner Cousine Sabine."

Edward, der sich schon vor Freude die Hände gerieben hatte, schaute ziemlich bedröppelt drein. Josy sah, dass ihrer Mutter vor Verblüffung der Mund offen stand.

Die Tante sprach schon weiter: "Sabine, ich glaube, du kannst das Anwesen und die Villa besser gebrauchen als Edward, der es ja durch seine Hotels bereits zu einem ansehnlichen Vermögen gebracht hat. Du hast mir einmal erzählt, du würdest gerne ein **Bed and Breakfast** eröffnen. Nun, das ist deine Gelegen-

---

that das
would have been wäre gewesen
best das Beste
bed and breakfast Pension

heit. Zwar muss die Villa gründlich auf Vordermann gebracht werden, aber mit ein wenig gutem Willen kannst du sicher ein wahres Schatzkästchen daraus machen. Und falls du zufällig einen Schatz darin finden solltest, darfst du ihn natürlich behalten." Tante Feodora lachte glucksend. "Denn alles, und ich meine wirklich *alles*, was sich in Pyeville Manor und auf dem Grundstück befindet, gehört jetzt dir, meine Liebe. Die einzige Bedingung ist, dass das Haus nicht verkauft wird – es sei denn, es ist aus finanziellen Gründen *unbedingt* notwendig."

Josys Mutter schüttelte fassungslos den Kopf.

"Tja, Sabine, ich weiß, damit hast du nicht gerechnet", sagte Tante Feodora prompt. "Und du, Edward, wohl auch nicht. Zum Trost möchte ich dir, lieber Sohn, mein Sparbuch mit 50 000 Pfund vermachen. Vielleicht hättest du dich zu meinen Lebzeiten nicht nur bei mir sehen lassen sollen, wenn du etwas von mir wolltest. Mein restliches Vermögen in Höhe von 10 000 Pfund ist ebenfalls für Sabine gedacht. So, meine Lieben, ich hoffe, ihr werdet glücklich werden. Vielleicht sehen wir uns in einem anderen Leben oder im Jenseits wieder. Bis dahin – lebt wohl. Tschüsselchen. Und seid nett zu meinem Hausgeist." Tante Feodora zwinkerte noch einmal vergnügt und winkte zum Abschied.

Dann wurde der Bildschirm schwarz und Notar Speckleton ergriff das Wort. Er hatte lange Zeit in

Frankfurt gelebt und genoss es nun, mit seinen Deutschkenntnissen zu glänzen.
Höflich meinte er: "Gerne möchte ich Ihnen noch einmal mein Bedauern über den Verlust Ihrer Tante aussprechen. Wir waren über fünfzig Jahre miteinander befreundet. Sie war eine famose Frau, eine ausgezeichnete Billardspielerin. Leider ist sie viel zu früh von uns gegangen. Ich …"
"**Good heavens**, the old dragon **was** ninety-four years old", unterbrach Edward. "It was **about time** she **started pushing up the daisies**."
"Edward!" Sabine war feuerrot im Gesicht. Ob aus Wut oder aus Scham, ließ sich nicht genau sagen. Josy tippte auf Scham, denn ihre Mutter neigte zum Fremdschämen. Notar Speckleton hingegen wackelte bloß missbilligend mit dem Kopf. In seinem Beruf ist er wohl einiges gewohnt, dachte Josy.
"Der Letzte Wille Ihrer Tante ist in diesem Dokument niedergeschrieben." Gelassen öffnete Notar Speckleton den vor ihm liegenden Umschlag. "Die Papiere halten noch einmal schriftlich fest, was die Gnädigste Ihnen soeben mitgeteilt hat. Nehmen Sie das Erbe an?"

Good heavens! Gütiger Himmel!
was war
about time höchste Zeit
started anfing
pushing up the daisies sich die Radieschen von unten anzuschauen

"Pah, what **inheritance**?", fluchte Edward. "Let me tell you, Sabine: the house is a **dump**. You'**ll have to spend** a **fortune on** it. I **suggest you think twice before** you **accept**."

"I understand **that** you're angry, Edward, and I'm sorry", erwiderte Sabine. "But I've always dreamed of opening a bed and breakfast, and this is my chance. I'm **sure** the house isn't **as** bad **as** you say; Aunt Feodora was **still** living there, **after all**." An den Notar gewandt, fragte sie: "Where **do I sign**?"

Notar Speckleton ließ Sabine unterschreiben und händigte ihr die Papiere aus, die sie sorgfältig in ihrer Handtasche verstaute.

10 Der ärgerliche Blick, mit dem Edward ihre Mutter bedachte, entging Josy nicht.

---

inheritance Erbe
dump Schutthalde
will have to wirst müssen
fortune Vermögen
spend on ... für ... ausgeben
suggest schlage vor
you think twice überlegst es dir zweimal
before bevor
accept (es) annimmst
that dass
sure sicher
as ... as so ... wie
still (immer) noch
after all schließlich
do I sign unterschreibe ich

"I **can't** believe it", sagte Edward wütend. "You'**re going to regret** this, Sabine. I'**m going to contest** the **Will**. You'll see – I'**ll get** the house **in the end**." Ohne ein weiteres Wort stapfte er hinaus.
Sabine blickte erschüttert zu Notar Speckleton. "Kann er das Testament wirklich anfechten?", fragte sie.
"Ja, das kann er", antwortete der Notar ungerührt. "Allerdings ist es fraglich, ob er damit Erfolg haben wird. Ihre Tante war im Vollbesitz ihrer geistigen Kräfte, als sie ihren Letzten Willen verfasste. Und sie hatte ihre Gründe, ihren Sohn zu enterben. Machen Sie sich keine Gedanken, Frau Steinhausen. Mr Mortingsdale wird sich schon wieder beruhigen. Viel Glück in Ihrem neuen Haus." Er hielt ihr einen Schlüsselbund hin, an dem mindestens zehn Schlüssel baumelten. Sabine nahm ihn entgegen und sie verabschiedeten sich.
Als sie unten auf der Straße standen, schaute Josy ihre Mutter mit ungläubiger Miene an. "Willst du wirklich aus diesem ollen Manordingens ein Bed and Breakfast machen? Ich will nicht aus Deutschland weg! Was wird aus meinen Freundinnen? Und was ist mit Papa?"

---

can't kann nicht
are going to regret wirst bereuen
am going to contest werde anfechten
Will Testament
will get werde bekommen
in the end am Ende

“Ach, Josefine”, seufzte ihre Mutter. “Dein Vater ist sowieso fast das ganze Jahr unterwegs. Ihm ist es sicher egal, wo er dich besucht. Aber ich habe die einmalige Chance, mir hier einen lang gehegten Traum zu erfüllen.”

Josy seufzte. Manchmal wünschte sie sich, ihr Vater hätte einen normalen Beruf wie Bankangestellter oder Schreiner und wäre nicht Kapitän eines Kreuzfahrtschiffes. Dann hätte sie bei ihm bleiben können.

“Wo steht das Haus überhaupt?”, fragte sie unwillig.

“Außerhalb einer Kleinstadt namens Pyeville. Das ist nur wenige Meilen von Brighton entfernt und liegt am Ärmelkanal.”

“Na, hoffentlich haben wir es dann wenigstens nicht weit zum Meer”, meinte Josy. “Also schön, wie geht es jetzt weiter?”

“Nun, ich denke, wir fahren morgen früh nach Pyeville und verbringen die restlichen Sommerferien in Tante Feodoras Haus. Da kann ich mir ein Bild machen, ob das Anwesen wirklich in solch einem schrecklichen Zustand ist, wie Edward behauptet, und du kannst dir überlegen, ob es dir dort gefällt. Am Ende der Ferien entscheiden wir gemeinsam, ob wir umziehen oder nicht.”

“Einverstanden.” Zufrieden mit diesem Kompromiss, schlenderte Josy mit ihrer Mutter in Richtung ihres Hotels.

Pyeville Manor

Das Taxi fuhr im Schneckentempo durch Pyeville. Neugierig blickte Josy aus dem Fenster. Das Städtchen sah genauso aus, wie sie sich eine englische Kleinstadt immer vorgestellt hatte. Backsteingebäude reihten sich aneinander, sie sah eine "BAKERY", einen "**BUTCHER**", einen "SUPERMARKET" und auch einen "CHEMIST". Vor dem Rathaus gab es einen großen Platz mit einem Brunnen. An einer Kreuzung wies ein Schild auf ein Museum hin. Wenige Minuten später ließen sie Pyeville hinter sich und fuhren einen Hügel hinauf. Kurz darauf passierten sie ein großes Eisentor, fuhren knirschend über eine Kiesauffahrt und hielten vor einer grauen Steintreppe, die zu einem überdachten Eingang mit massivem Eichenportal hinaufführte.

Josy schob sich langsam aus dem Wagen und betrachtete das große Gebäude. Es wirkte ziemlich alt und düster. Hoch ragten die grauen Mauern vor ihr auf. Zu beiden Seiten wurde das Haus von runden Türmen begrenzt. Unterhalb des Daches ragten mehrere hässliche drachenköpfige Steinfratzen hervor.

In der Hoffnung, irgendwo einen Fetzen blaues Meer zu entdecken, schaute Josy sich um. Pustekuchen! Von Meer keine Spur. Dafür gab es einen nicht

---

butcher Metzger

gerade einladend wirkenden Garten. Der Rasen war braun vertrocknet, die Blumenbeete von Unkraut überwuchert. Ein Mann mit einer Habichtnase versuchte, eine Buchsbaumhecke in Form zu bringen. Unvermittelt schaute er auf und bedachte Josy mit einem finsteren Blick. Sie lächelte ihm zu, doch der Mann erwiderte ihr Lächeln nicht, sondern wandte sich grußlos wieder seiner Arbeit zu.

Uff, was hat dem denn die Suppe verhagelt?, dachte Josy. Mit einem Mal fühlte sie sich so unbehaglich, dass sie am liebsten auf der Stelle wieder umgekehrt wäre. Im selben Augenblick hörte sie das Taxi davonbrausen und spürte die Hand ihrer Mutter auf ihrer Schulter. "Komm, lass uns reingehen."

Josy griff sich ihren Koffer und folgte ihrer Mutter seufzend die Stufen hinauf. Eine kleine schwarze Katze huschte an ihnen vorbei und schlüpfte ins Haus, kaum dass sich die schwere Eichentür öffnete.

"**Welcome** to Pyeville Manor! I'm Mrs Summer, the **housekeeper**", sagte die Haushälterin und musterte Josy und ihre Mutter. "I **hope** you enjoy your **stay**."

"Nice to meet you", sagte Josys Mutter fröhlich und folgte Mrs Summer in die riesige Halle.

---

welcome willkommen
housekeeper Haushälterin
hope hoffe
stay Aufenthalt

Während sich ihre Mutter mit der Haushälterin unterhielt, schaute sich Josy um. Ein großer, staubiger Kristallleuchter hing von der Decke und die Wände schmückten ausgeblichene Gemälde. Die Tapeten mit dem altmodischen Blumenmuster waren an manchen Stellen abgeblättert und die Parkettdielen wiesen Risse auf. Eine fette Spinne krabbelte über den Boden und versteckte sich in einem Spalt unter der Sockelleiste. Außerdem roch es irgendwie muffig. Heizkörper, Steckdosen und Telefon entdeckte Josy nicht. Dafür allerdings einen großen Kamin, der von zwei Rüstungen flankiert wurde. Es war, als hätte man sie mit einer Zeitmaschine *zack!* in die Ritterzeit versetzt. Josy seufzte. Na, prima – Sommerferien im Mittelalter! Da hatte sie ja mal wieder den Hauptgewinn gezogen. Hoffentlich gab es hier wenigstens Internetanschluss.

"Hello!", riss sie eine Stimme aus ihren Gedanken. Vor ihr stand ein Junge mit strubbeligen schwarzen Haaren. "You're the daughter of the new **owner**, **aren't you? Shall** I **show** you **around**? I'm Jared – I'm Mrs Summer's **grandson**. I'**m staying here for**

---

owner Besitzerin
aren't you? stimmt's?
shall soll
show around herumführen
grandson Enkel
am staying here for verbringe hier

the **holidays**, because my parents have to **work**. We have a restaurant in Brighton."
Von dem Redeschwall buchstäblich überflutet, brachte Josy kein Wort heraus. Dabei stand sie in der Schule in Englisch auf einer glatten Zwei. "Hello", grüßte sie schließlich zurück, die einzige englische Vokabel, die ihr in diesem Augenblick einfiel. Der Rest schien sich in ihren Gehirnwindungen verlaufen zu haben und den Weg zu ihrem Mund nicht zu finden.
"**Well**, shall I give you a **tour of** the house?", fragte Jared.
Josys Gehirn arbeitete immer noch in Zeitlupe, aber sie war sich ziemlich sicher, dass Jared mit ihr eine Tour durchs Haus machen wollte. Also antwortete sie mit roten Wangen: "Ja. Äh. Das heißt ... Yes."
"Okay, come on. I'll show you around. What's your name, **by the way**?"
"I'm Josy." Sie folgte Jared durch die Räume.
"This is the living room ... the dining room ... the **drawing room** ... the **library**", ratterte er herunter.

holidays Ferien
work arbeiten
well also
tour of Führung durch
by the way übrigens
drawing room Salon
library Bibliothek

Holla! Dieses Haus schien wirklich eine Menge Zimmer zu haben. Noch dazu war eins wie das andere mit oberaltmodischen Holzmöbeln eingerichtet. Besonders ein Raum, den Jared als Musikzimmer bezeichnete, hätte gut aus einem alten Gruselfilm stammen können, fand Josy. An den Wänden hingen ausgestopfte Tiere und Hirschgeweihe, die jedem Museum alle Ehre gemacht hätten. Natürlich gab es auch hier einen Kamin. Davor stand ein rot-golden gestreiftes Samtsofa und rechts vor dem Fenster ein schwarzer Flügel. Im Vitrinenschrank an der Wand, der – wie konnte es anders sein – aus dunklem Holz war, hatte eine Spieluhrensammlung Platz gefunden. Neben dem Fenster, das von schweren roten Samtvorhängen umrahmt wurde, hing ein Gemälde von einem Mann, der so blass wirkte wie ein Vampir. Fehlt nur noch, dass gleich Graf Dracula um die Ecke kommt, dachte Josy. Oder der Hausgeist, von dem Tante Feodora gesprochen hat. Mit unterdrücktem Grinsen folgte sie Jared ins nächste Zimmer, das endlich ein wenig Gemütlichkeit ausstrahlte. Der Raum war mit hellen Möbeln eingerichtet. Durch die hohen Fenster schien die Sonne, in deren Strahlen Staubkörnchen tanzten. Ein Buch lag aufgeschlagen auf einem Tisch. Daneben stand eine Vase mit frischen Sommerblumen.

"Ach, ist das hübsch!", rief Josy. Sie überlegte kurz, dann sagte sie: "This is a nice room."

“Yes”, erwiderte Jared lächelnd und erklärte ihr, dass es Tante Feodoras **morning room** gewesen sei.
“It looks **as if** she**’s gone** to **get** something and **will be back any minute**”, sagte Josy. Uff, allmählich kehrten die Vokabeln in ihren Kopf zurück und reihten sich ordentlich wie Perlen einer Kette aneinander. Offenbar hatte ihr Gehirn sie inzwischen auch mit einem Navi ausgestattet, sodass sie problemlos den Weg zu ihrem Mund fanden. Neugierig trat sie an den Tisch, um einen Blick in das Buch zu werfen. Auf der leicht vergilbten Seite war das Porträt eines hochgewachsenen Mannes zu sehen. Er hatte graues Haar und ein nach links und rechts abstehender Zwirbelschnurrbart verdeckte seine Oberlippe. Josy musste grinsen. Diese Rotzbremse sah wirklich zu albern aus, ganz zu schweigen von den längsgestreiften Hosen!
Gestreift wie ein Zebra, dachte Josy schmunzelnd. Dann schweifte ihr Blick zur Bildunterschrift: “The famous **private detective** Jonathan **Smartypants**,

---

morning room Frühstückszimmer
as if als ob
has gone gegangen ist
get holen
will be back wird zurückkommen
any minute jeden Moment
private detective Privatdetektiv
‘Smartypants’ ‘Klugscheißer’

killed in an **accident** on August 8th, 1888", stand dort in kunstvoll verschnörkelten Buchstaben.
Da Josy Krimis und Detektivgeschichten reihenweise verschlang, war ihr Interesse sofort geweckt. Neugierig geworden, kratzte sie die nötigen Vokabeln zusammen und fragte Jared, ob dieser Mr Smartypants der Sherlock Holmes von Pyeville gewesen sei.
"You **could** say that, yes." Jared deutete auf das Buch. "He was very famous **around here**. He **solved** lots of **cases**. The house where he lived is now a museum. I can **take** you **there**, if you like."
"Oh, that **would be** nice", antwortete Josy. Vielleicht war es hier doch nicht ganz so öde, wie sie gedacht hatte. Sie wollte gerade noch hinzufügen, wie spannend es sein müsste, einen echten Privatdetektiv kennenzulernen, da hörten sie ein lautes *Schepper-klirr!* aus dem Flur.
"Was war das denn?", rief Josy erschrocken, drehte sich zur Tür und stieß dabei aus Versehen an den Tisch.

---

killed umgekommen
accident Unfall
could könntest
around here hier in der Gegend
solved hat gelöst
cases Fälle
take bringen
there dahin
would be wäre

Jared war bereits in den Flur gesprintet, um nachzusehen, woher der Lärm kam.
Josy verharrte dagegen wie angewurzelt auf der Stelle. Hatte sie tatsächlich eben einen Windhauch gespürt? Rasch drehte sie sich zu den Fenstern um. Doch die waren fest verschlossen. Quatsch! Alles nur Einbildung.
Kopfschüttelnd folgte sie Jared in den Flur. Er stand vor den Scherben der großen Blumenvase und kratzte sich nachdenklich am Kopf. Außer ihm war niemand zu sehen. "**I wonder** who **knocked over** the vase", murmelte er.
"Maybe it was the ghost", sagte Josy und dachte an den kalten Luftzug. Vielleicht hatte sie sich das doch nicht eingebildet. "My **great-aunt said** a ghost lived in the house."
Jared lachte. "Well, my grandmother **told** me that your great-aunt **had** a very **strange sense of humour**. Sometimes **Gran** couldn't **find** things

---

I wonder ich frage mich
knocked over umgestoßen hat
great-aunt Großtante
said sagte
told hat erzählt
had hatte
strange seltsamen
sense of humour Sinn für Humor
Gran Oma
find finden

she'**d made**, **like** muffins, or sausages, and your aunt always said that the ghost **must have eaten** them. But Gran says it was Mrs Mortingsdale herself." Jared grinste übers ganze Gesicht. "A ghost? Come on, that's **just ridiculous**. It was **probably** the cat that knocked over the vase."
"Hm. Yes, probably." Josy nagte nachdenklich an ihrer Unterlippe.
"We **should** find a **dustpan** and **brush** and **clear up** the mess." Mit diesen Worten lief Jared die Treppe hinunter. Josy folgte ihm zögernd.
Als sie wenig später zurück ins Frühstückszimmer kamen, fiel ihr Blick sofort auf den leeren Tisch. Das Buch war verschwunden.

---

had made gemacht hatte
like wie
must have eaten muss gegessen haben
just einfach
ridiculous lächerlich
probably wahrscheinlich
should sollten
dustpan Kehrblech
brush Handfeger
clear up aufräumen

Bekanntschaft mit einem Geist

Josy lag im Bett und dachte über die Ereignisse des Tages nach. Nachdem Jared und sie die Scherben beseitigt hatten, waren sie zum Essen gerufen worden. Danach musste Jared seiner Oma helfen und es blieb keine Gelegenheit mehr, ihn auf das verschwundene Buch anzusprechen. Also war sie in ihr Zimmer gegangen, um ihren Koffer auszupacken.

Anschließend hatte sie den riesigen verwilderten Garten erkundet und einen verwunschen wirkenden weißen Pavillon mit einem Kuppeldach entdeckt, der von Blumenbeeten umrahmt war. Inmitten eines dieser Beete stand der Gärtner und grub ein großes Loch, wohl um irgendwelche Blumen zu pflanzen, vermutete Josy. Als sie näher kam, blickte er sie mit Gewittermiene an und meckerte: "You'**ve got no business snooping around** the **pavilion**. Go **away**!" Er warf eine Schaufel Erde in ihre Richtung und brummte: "Children are **such** a **nuisance**." Josy hatte sich schleunigst verzogen und sich geschworen, dem Gärtner künftig lieber aus dem Weg zu gehen.

---

have got no business hast keinen Grund
snooping around herumzuschnüffeln um
pavilion Pavillon
away weg
such so
nuisance Plage

Nun kuschelte sie sich ins Kissen, ihr Blick schweifte durchs Zimmer und blieb an ihrem Spiegelbild über der Frisierkommode haften.
Mama war ganz begeistert gewesen, als sie feststellte, dass es sechs Gästezimmer gab, alle mit Himmelbetten, Frisierkommoden und eigenem kleinen Badezimmer ausgestattet. Ob sie aus Pyeville Manor wirklich eine Pension machen würde? Puh, hoffentlich überlegte sie sich das noch mal. Jared war zwar ganz nett, aber dennoch konnte sich Josy nicht vorstellen, für immer hier zu leben.
Der Gedanke an Jared rief ihr wieder den komisch aussehenden Mann auf dem Bild im Buch in Erinnerung. Schade, dass er nicht mehr lebte. Es wäre echt klasse gewesen, mal einen echten Privatdetektiv kennenzulernen. Allein schon, dass er bei einem Unfall gestorben war, klang geheimnisvoll. Zu gern würde sie mehr darüber erfahren. Doch das Buch hatte nicht mehr auf dem Tisch gelegen, als sie ins Zimmer zurückgekommen waren. Vermutlich ist es heruntergefallen, als ich gegen die Tischkante gerumst bin, dachte Josy.
Kurzentschlossen schlug sie die Bettdecke zurück und stand auf, um nachzuschauen. Leise öffnete sie die Tür und schlüpfte auf den Gang.
Ihr Zimmer lag im zweiten Stock. Tante Feodoras "morning room" befand sich eine Etage tiefer. Auf Zehenspitzen schlich Josy die Treppe hinunter und lief einen weiteren Gang entlang, bis sie das Zimmer

erreichte. Entschlossen drückte sie die Türklinke hinunter und knipste das Licht an. Der Kronleuchter an der Decke flammte auf. Josy ging hinüber zum Tisch und suchte den Boden ab, doch das Buch war nicht da. Nachdenklich nagte sie an ihrer Unterlippe. Vielleicht hatte es inzwischen jemand weggeräumt? Doch wer? Jared und seine Großmutter waren ganz sicher nach dem Abendessen nicht mehr in diesem Zimmer gewesen. Unvermittelt riss sie ein "Tock-tock-tock" aus ihren Überlegungen. Erschrocken wirbelte sie herum. Das Klopfen kam aus dem Schreibtisch! Wieder machte es "tock-tock-tock". Diesmal ein bisschen lauter und sie hatte den Eindruck, dass die Schublade vor und zurück ruckelte. Ein wenig unheimlich war das Geräusch ja. Aber schließlich siegte ihre Neugier. Was konnte sich in einer Schublade schon großartig verstecken? Einbrecher wohl ganz bestimmt nicht!

Mit einem Ruck zog Josy die Schublade heraus. Sofort füllte sich das Zimmer mit dichtem weißem Rauch. Josy wich erschrocken zurück. Der Schreibtisch brannte! Hektisch schaute sie sich um. Doch es gab weder einen Feuerlöscher noch eine Decke – nichts, mit dem sie das Feuer ersticken konnte. Bis auf die Vase mit den Sommerblumen. Josy griff hastig danach und goss das Wasser über den Rauch. Der waberte kurz auseinander und verdichtete sich gleich darauf wieder.

Gerade als Josy aus dem Zimmer stürmen wollte, um Hilfe zu holen, verformten sich die Rauchschwaden. Sie nahmen die Gestalt eines hochgewachsenen Mannes an, der eine altmodische lange Jacke und ein Hemd mit hohem Kragen trug. Josy rieb sich ungläubig die Augen. Ja, der Rauch war verflogen und vor ihr stand ein großer, schlanker, leicht durchsichtiger Mann. Er holte ein Tuch aus seiner Brusttasche und wischte sich damit über die Stirn. "**Phew! Thank heavens** for that. This **drawer** is very small. I **tried** to **escape** through the **keyhole**, but I was **too** fat. Shouldn't **have had** muffins for breakfast. **May I introduce myself**? Jonathan Smartypants, **at your service.**"

"Uh, äh, oh", stammelte Josy und kniff sich in den Arm. Jonathan Smartypants, das war doch der Detektiv aus dem Buch! Der mit dem Museum, von dem Jared ihr erzählt hatte. Aber der war doch schon über hundert Jahre tot! War er etwa der Hausgeist, von dem

---

Phew! Puh!
Thank heavens. Dem Himmel sei Dank.
drawer Schublade
tried habe versucht
escape entkommen
keyhole Schlüsselloch
too zu
have had gehabt haben
may I darf ich
introduce myself mich vorstellen
at your service zu Diensten

Tante Feodora gesprochen hatte? Sie musterte die Gestalt genauer. Gestreifte Hose, Zwirbelschnurrbart, weißgraue Haare …

Tatsächlich! Vor ihr stand der Mann aus dem Buch. Nun trat er einen Schritt auf sie zu.

"I'm sorry if I **startled** you, but you **really** didn't have to **pour** water over me." Er wischte sich noch einmal mit dem Taschentuch übers Gesicht und zwirbelte seinen Schnurrbart in Form, sodass er wie eine Antenne nach links und rechts abstand.

"Sorry – I **thought** you **were on fire**", antwortete Josy und wich vorsichtshalber einen Schritt zurück.

Der Geisterdetektiv verneigte sich vor ihr. "Ah, **I see**. **I'm afraid** I always make lots of **smoke** when I **materialize**. Don't be afraid – I'm a friendly ghost. I **won't hurt** you, **even though** you **insulted** me."

"Insulted you? When?", fragte Josy erstaunt.

---

startled erschreckt habe
really wirklich
pour gießen
thought dachte
were on fire standen in Flammen
I see. Verstehe.
I'm afraid ich fürchte
smoke Rauch
materialize Form annehme
won't hurt werde nicht verletzen
even though auch wenn
insulted beleidigt hast

"**When** you **were looking at** my photograph. You laughed."

"Oh – I see. I'm sorry, but you really do look **funny**."

Unwillkürlich musste Josy wieder grinsen.

Der Geist hob die Augenbrauen und meinte trocken: "Well, you look funny, too! **In my day respectable** young ladies didn't wear pyjamas. **Certainly** not pyjamas with cats on." Er deutete auf ihren Schlafanzug.

"But lots of girls wear pyjamas like these now", erwiderte Josy verlegen. Sie liebte ihren alten kuscheligen Schlafanzug, auch wenn er babyhaft aussah. Normalerweise sah sie ja niemand darin.

"Well, the times certainly **have changed**." Jonathan seufzte laut.

"Are you really a ghost?", fragte Josy. "This is **incredible**."

"**Indeed** I am, young lady. May I ask your name?"

"Josy", sagte sie. Da stand sie also tatsächlich vor einem echten Geisterdetektiv und der schien obendrein

---

when als
were looking at angesehen hast
funny lustig
in my day zu meiner Zeit
respectable anständige
certainly ganz sicher
have changed haben (sich) geändert
incredible unglaublich
indeed in der Tat

ziemlich nett zu sein. Sie streckte den Arm aus, um ihm die Hand zu schütteln, doch ihre Finger glitten durch seine hindurch.
"Hahaha! You**'re tickling** me, Lady Josy", prustete Jonathan.
"Oh, I'm not a Lady. Just Josy", korrigierte sie.
"**Very well**, just Josy." Jonathan lächelte. "This is a **great pleasure** for me. You're the first person who can see me. I wonder **whether** you**'ll be able to** help me, too." Und schon begann er, ohne Punkt und Komma auf sie einzureden.
"Stop, stop, please", rief Josy. "You're talking too fast. My English isn't good **enough**."
"Really? Where are you from, if you're not English?", fragte Jonathan.
"I'm from Germany", antwortete Josy. Sie erklärte ihm, dass ihre Mutter das Haus geerbt hatte.
"Germany", rief Jonathan erfreut. "I see. Well, I'll try to speak slowly."
"Uff", seufzte Josy. "Thank you." Und schließlich traute sie sich, die Frage zu stellen, die ihr bereits die

---

are tickling kitzelst
very well sehr gut
great großes
pleasure Vergnügen
whether ob
will be able to wirst können
enough genug

ganze Zeit auf der Zunge brannte: “How **did you end up** in this drawer? And why **are you haunting** Pyeville Manor?”
“Well, that’s a long story”, erklärte Jonathan.
“I’ve got **plenty of** time”, meinte Josy und setzte sich erwartungsvoll auf das gelbe Sofa.

did you end up sind Sie gelandet
are you haunting spuken Sie in
plenty (of) eine Menge

Jonathan Smartypants

Mit großen Augen lauschte Josy Jonathans Geschichte. Es war einfach unglaublich. Er war tatsächlich der berühmte Privatdetektiv aus dem Buch. Am Nachmittag, als er sah, dass sie über sein Aussehen lachte, war er beleidigt in die Schublade geschwebt. Er hatte gemerkt, dass sie ihn spüren konnte, und vorgehabt, ihr mit seiner Erscheinungsrauchwolke einen tüchtigen Schrecken einzujagen.

"By the way, the book **disappeared**. Did you take it?", fragte Josy.

Jonathan verneinte. Er wusste nicht, wer das Buch genommen hatte, und hatte auch niemanden das Zimmer betreten sehen außer Josy und Jared.

"Interesting." Nachdenklich zwirbelte Jonathan seinen Schnurrbart.

"So you **put** the book on the table for us to read?", fragte Josy. Dass Jonathan das Buch auf den Tisch gelegt hatte, damit sie auf ihn aufmerksam wurde, schien ihr nach seiner Erklärung nur logisch.

"No. It was **already** on the table when I **came into** the room, **just** after you and the boy", erklärte der

---

disappeared ist verschwunden
put haben gelegt
already schon
came into betreten habe
just gleich

Geist. Wer es dort hingelegt hatte, wusste er nicht. "**Another mystery**", murmelte er.
"Well, maybe it was Jared. I'll ask him tomorrow", sagte Josy. "But tell me, why do you live in my aunt's house?"
"Because I **made a promise**, and I always keep my promises. Jonathan Smartypants always solves the case. And I have**n't** solved my last case **yet**. That's why I have to haunt your aunt's house."
Welches Versprechen? Und warum musste der Geisterdetektiv ausgerechnet im Haus ihrer Großtante spuken? "I see", sagte Josy, aber sie verstand rein gar nichts. Das musste Jonathan ihr wohl angesehen haben. "I promised to solve the mystery of a **missing ruby**, **called** the '**Heart of Heaven**', erklärte er. "It **belonged to** your **great-great-great-aunt**, Lady Lavinia. I **caught** the **thief**, but the ruby is still miss-

another noch ein
mystery Rätsel
made a promise etwas versprochen habe
not yet noch nicht
missing verschollenen
ruby Rubins
called namens
'Heart of Heaven' 'Himmelsherz'
belonged to gehörte
great-great-great-aunt Ururgroßtante
caught habe geschnappt
thief Dieb

ing. And I'll **only** find **peace** if I can find the ruby and put it on Lady Lavinia's **grave**."

Das ist ja besser als ein Kriminalroman, dachte Josy, und hörte Jonathan gebannt zu, der ihr nun erzählte, wie sich der Diebstahl damals zugetragen hatte.

Ihre Ururgroßtante Lady Lavinia hatte demnach eine Brosche mit einem wertvollen Edelstein namens *The Heart of Heaven* besessen. Dieses *Himmelsherz* war von einem gewissen Terence Pinchington, der mit anderen Gästen anlässlich des Geburtstags von Lady Lavinia im Haus übernachtete, 1888 gestohlen worden. Pinchington war ein guter Freund des Hausherrn Sir Reginald gewesen, weshalb man ihn zunächst auch nicht verdächtigt hatte. Privatdetektiv Jonathan Smartypants allerdings war als Meister seines Fachs, wie er mit einem selbstgefälligen Lächeln sagte, nicht auf Pinchingtons Harmlostuerei hereingefallen. Im Schlafzimmer von Lady Lavinia hatte der Detektiv unter der Kommode einen blauen Knopf entdeckt. Und genau dieser Knopf fehlte am Anzug von Terence Pinchington.

Dies ließ nun zwei Schlussfolgerungen zu, erklärte Jonathan. Entweder betrog Lady Lavinia ihren Gatten mit dessen Freund. Oder aber Sir Reginalds guter

---

only nur
peace Frieden
grave Grab

Freund hatte sich ohne ihr Wissen Zutritt zu ihrem Schlafzimmer verschafft und den Rubin aus der Schatulle auf der Frisierkommode gemopst.
Ersteres schloss Jonathan aus, nachdem er sah, wie herzlich Sir Reginald und Lady Lavinia miteinander umgingen. Als er zudem erfuhr, dass ein Dienstbote Pinchington aus dem Zimmer hatte kommen sehen, während die Hausherrin auf einem Ausritt war, wusste er, dass Pinchington der Dieb sein musste.
Terence Pinchington behauptete zwar, er hätte sich im Zimmer geirrt, das nahm ihm jedoch keiner ab, dazu war er schon zu oft Gast im Hause seines Freundes gewesen. Nachdem er sich immer mehr in Widersprüche verstrickt hatte, platzte er schließlich damit heraus, dass er die Brosche gestohlen habe, um seine Spielschulden zu bezahlen. Doch über den Verbleib des Rubins schwieg er. Selbst eine gründliche Suche im ganzen Haus ergab nichts. Der Dieb kam dennoch ins Gefängnis und Jonathan gab Lady Lavinia das Versprechen, den Rubin zu finden.
"And **then** the **scoundrel wrote** to me and **taunted** me! Me, the great Jonathan Smartypants!", erklärte Jonathan aufgebracht.

---

then dann
scoundrel Schurke
wrote hat geschrieben
taunted hat verhöhnt

Pinchington hatte einen Brief geschrieben, in dem er Jonathan verhöhnte. Beim Erzählen wurde Jonathans durchscheinende Gestalt ganz purpurfarben vor Wut. Natürlich hatte er sich damals sofort auf den Weg ins Gefängnis gemacht, um Pinchington zur Rede zu stellen, und dabei dummerweise eine Katze übersehen, die ihm direkt vors Hochrad gelaufen war. Er war gestürzt und hatte sich dabei das Genick gebrochen.

"My **death** has been a great **loss** to the world", endete Jonathan. "So you see, I made a promise, and I have to keep it."

"Why are you so sure that the ruby is still in the house?", fragte Josy atemlos.

"Well, that's **obvious, isn't it?**", erwiderte Jonathan. "The thief had **no** time to take it away. I **was called immediately**, and I solved the case **the same** evening, so he **must have hidden** the ruby in the house. But I **searched** everywhere and couldn't find it."

---

death Tod
loss Verlust
obvious offensichtlich
isn't it? nicht wahr?
no keine
was wurde
called gerufen
immediately sofort
the same am selben
must have hidden muss versteckt haben
searched habe gesucht

“Maybe the thief **came back** and **took** it **away after** he **got out of jail**”, sagte Josy. Ihr kam es nur logisch vor, dass sich Pinchington nach seiner Entlassung unter irgendeinem Vorwand Zutritt zum Haus verschafft hatte. Vielleicht hatte er vorgegeben, sich entschuldigen zu wollen.

“Maybe. If he *had* got out of jail.”

“What do you **mean**?”, fragte Josy verblüfft.

---

came back ist zurückgekommen
took away hat weggenommen
after nachdem
got out of ... aus ... rausgekommen ist
jail Gefängnis
mean meinen

"Terence Pinchington **died** in jail, seven weeks after my accident. He had a **heart attack**", erklärte Jonathan.
"Oh!", rief Josy. Nun war ihr klar, warum Jonathan glaubte, dass der Rubin sich noch im Haus oder im Garten befand. Die Frage war bloß, wo?
"I'm afraid I'll be haunting the house **forever**", jammerte der Geist. "I've searched everywhere **except** the garden – I can't **dig** it **up myself**. I ca**n't** pick up **anything** heavier **than** a muffin." Der Detektiv griff nach dem Buch in der Schublade, doch seine Hand fuhr geradewegs hindurch. "I **practise** and practise, but I just can't do it."
Josy wusste genau, was er meinte, ihr ging es ganz ähnlich beim Weitwurf. So sehr sie sich auch anstrengte, der Ball plumpste nie weiter als fünf Meter vor ihr auf den Boden.
"Your Aunt Feodora **sensed** when I was in the room, but she couldn't see me", fuhr Jonathan fort. "So I

---

died ist gestorben
heart attack Herzinfarkt
forever für immer
except außer
dig up ausgraben
myself selbst
not anything nichts
than als
practise übe
sensed spürte

wrote her a **message** in **grains of rice**. It **took** me all night to make the letters on the kitchen floor. Then the housekeeper came and **swept** it all **away** before Feodora could read it."

Mühsam verkniff sich Josy das Grinsen. Sie konnte sich lebhaft vorstellen, wie Jonathan auf dem Boden hockte und die Reisnachrichten schrieb.

"Why couldn't my aunt see you?"

"I'm not sure, but I think that only children who believe in ghosts are able to see me. So I'm really happy now I'**ve met** you! Please – will you help me?" Jonathan schaute sie mit flehendem Dackelblick an und seine Geistergestalt wurde dabei ganz glitzerig.

Josy lachte. "Yes, of course." So eine Juwelensuche ließ sie sich bestimmt nicht entgehen. Außerdem gehörte der Rubin genau genommen nun ihrer Mutter. "But let's start tomorrow morning. I'm really tired now." Sie gähnte. "Good night, Mr Smartypants."

"Please – **call** me Jonathan." Jonathan machte eine tiefe Verbeugung. "Good night, Miss Josy."

---

message Nachricht
grains of rice Reiskörner
took hat gedauert
swept away hat weggefegt
have met getroffen habe
call nenn

Ein ereignisreicher Morgen

Josy rieb sich gähnend die Augen und schwang die Beine aus dem Bett. Kaum dass ihr Fuß den Boden berührte, fiel ihr wieder die unglaubliche Geschichte mit dem Geisterdetektiv und dem Rubin ein. Kopfschüttelnd stand sie auf. Sie musste versuchen, irgendwie mehr über diesen mysteriösen Diebstahl herauszufinden. Aber wie sollte sie das anstellen? Ihre Mutter wusste sicher nichts davon, sonst hätte sie es bestimmt schon einmal erwähnt. Vielleicht konnte Jared ihr helfen? Wenn sie ihm allerdings von Jonathan erzählte, würde er sie vermutlich für verrückt halten. Sie hatten sich ja gerade erst kennengelernt und ganz offenbar glaubte er nicht an Geister. Das hatte er nach dem Vorfall mit der Vase ja gesagt. Was also tun, sprach das Huhn?, dachte Josy bei sich.

Da hatte sie plötzlich eine Idee: Sie musste Jared gar nichts von ihrer Begegnung mit Jonathan Smartypants erzählen. Es genügte, wenn sie ihn nach dem verschwundenen Juwel fragte. Sie könnte behaupten, ihre Tante hätte ihr davon erzählt. Oder dass sie gestern in diesem Buch von dem Fall gelesen hätte und sich nun auf die Suche nach der Brosche mit dem Rubin machen wollte. Ja, genau, so würde sie es anfangen.

Nachdem sie diesen Entschluss gefasst hatte, stand sie auf und schlüpfte in Jeans und T-Shirt. In diesem blöden ollen Haus gab es nicht mal eine Dusche! Nur

Waschbecken und altmodische Badewannen mit Löwenfüßen. Na, wenigstens hatte sie ein eigenes Bad. Seufzend füllte Josy Wasser in einen Becher, griff zur Zahnbürste und schaute in den Spiegel. Ein schmales Gesicht mit blauen Augen und gezwirbeltem Schnurrbart starrte ihr entgegen. Moment mal! Schnurrbart?
"Good morning, Miss Josy. Are you ready to begin the **search**?", sagte der Spiegel.
"Jonathan!", rief Josy erschrocken. "Good heavens! **Didn't** your mother **teach** you any **manners**? I'm in the bathroom!"
"Oh, excuse me!" Jonathan lief tomatenrot an. Gleich darauf war er auch schon verschwunden und aus dem Spiegel blickte Josy ihr gewohntes Gesicht mit den Sommersprossen entgegen. Ganz ohne Schnurrbart.
Ts!, dachte Josy, putzte sich die Zähne und beließ es bei einer Katzenwäsche. Wenig später stürmte sie die Treppe hinunter in die Küche, wo Jared gerade Cornflakes aß, während Mrs Summer vor dem Herd stand, in einer Schüssel rührte und dabei unaufhörlich vor sich hinschimpfte. "The muffins **didn't** just **vanish into thin air**. I'm sure I put them on the

---

search Suche
didn't teach any ... hat keine ... beigebracht
manners Manieren
didn't vanish into thin air haben sich nicht in Luft aufgelöst

table. Jared, are you sure you **haven't touched** them? **Don't lie to** me!"
Jared schaute seine Großmutter empört an. "I didn't touch any of your muffins, Gran! And I **never** lie", sagte er nachdrücklich. "Maybe you put them on the **window sill** and **forgot** about them?"
"No, I didn't!", sagte Mrs Summer gleichermaßen nachdrücklich.
Josy schaute von Jared zu seiner Großmutter und wieder zurück. Da entdeckte sie eine Spur brauner Krümel auf dem Boden, die von der Küchentheke geradewegs zur Wand führte. An die Wand gelehnt stand Jonathan und leckte sich genüsslich die Finger.
"You've eaten all the muffins!", sagte Josy vorwurfsvoll und schaute Jonathan mit hochgezogenen Augenbrauen an.
Jared glaubte, dass sie ihn meinte, und wurde sauer. "I've already said, I didn't eat any of them!"
"No, I didn't mean you, I **meant** …", Josy wollte auf Jonathan deuten, da kam ihre Mutter in die Küche gestürzt. In der Hand hielt sie ein Blatt Papier.

---

haven't touched nicht angerührt hast
don't lie to … lüg ... nicht an
never nie
window sill Fenstersims
forgot (about) hast vergessen
meant meinte

“Dieser unverschämte Mensch will mich tatsächlich verklagen”, schimpfte sie. “Und das in der eigenen Verwandtschaft. So ein arroganter, habgieriger … aargh! Ich kann es nicht fassen, dass er den Letzten Willen seiner Mutter nicht respektiert!”
“Was ist denn los, Mami?”, fragte Josy. Auch Jared und Mrs Summer drehten sich neugierig zu ihr um.
“Das hier ist gerade mit der Post gekommen. Edward hat seine Drohung tatsächlich wahr gemacht. Er will das Testament anfechten, wenn ich ihm Pyeville Manor nicht überlasse! Die 10 000 Pfund könne ich aber gern behalten, schreibt er.” Empört schlug Sabine mit der Hand auf das Schreiben und ließ sich auf den Stuhl neben Jared fallen. Jonathan trat neugierig näher und warf einen Blick über ihre Schulter.
“Kalt hier, findet ihr nicht?” Sabine fuhr sich mit der Hand in den Nacken.
Josy versuchte schnell, ihre Mutter mit einer Gegenfrage abzulenken. “Und wirst du dich darauf einlassen?”
“Auf keinen Fall”, antwortete Sabine. “Ich habe bereits bei der Testamentseröffnung erklärt, dass ich Tante Feodoras letzten Wunsch erfüllen werde. Sie hat nicht gewollt, dass das Haus an Edward fällt, also wird er es auch von mir nicht so ohne Weiteres bekommen. Ich möchte nur zu gern wissen, was er vorhat. Er tut nichts ohne Grund, und wenn er Pyeville Manor so unbedingt haben will, muss

irgendetwas für ihn dabei rausspringen. Wenn ich nur wüsste, was."

Josy musste sofort an den Rubin denken. Ob Edward von dem Diebstahl wusste und in aller Ruhe nach der Brosche suchen wollte, wenn er das Haus erst einmal besaß?

"Am besten, ich rufe Notar Speckleton an", sagte ihre Mutter. "Ich muss unbedingt wissen, wie viel es mich kosten wird, wenn Edward das Testament anficht, und wie seine Erfolgschancen stehen." Sie sprang auf und lief aus der Küche.

Mit gekrauster Stirn nagte Josy an ihrer Unterlippe. Mrs Summer, Jared und auch Jonathan warfen ihr fragende Blicke zu. Offenbar hatten sie kein Wort von der Unterhaltung mit ihrer Mutter verstanden. Doch sie hatte jetzt keine Lust auf Erklärungen und überhaupt war das eine Familienangelegenheit, in die sie Fremde nicht mit hineinziehen wollte. Nachdenklich blickte sie auf den Fußboden. Sie musste unbedingt verhindern, dass Edward den Rubin vor ihr fand. Immerhin hing Jonathans Erlösung davon ab.

Ein seltsamer Zufall

"Do you want **some** eggs for breakfast?", fragte Mrs Summer.

Josy nickte. Kurz darauf zog der köstliche Duft von Rührei und Speck durch die Küche.

Jonathan setzte sich neben Josy an den Tisch.

"Did you really eat all the muffins?", fragte Josy ihn. Wieder fühlte Jared sich angesprochen. "No, I didn't! **How many times** do I have to say it before you believe me?" Genervt sah er sie an.

Jonathan lachte verschmitzt.

"Oh – no, I didn't mean you", flüsterte Josy mit glühenden Wangen. "I meant … him."

"Who?", fragte Jared. "The cat, or Mr Partridge?" Die kleine schwarze Katze war eben zusammen mit dem Gärtner in die Küche gekommen, hatte sich vor den Tisch gesetzt und schaute mit bettelndem Blick zu Josy auf. Sie streichelte ihr über den Kopf. Partridge lehnte an der Küchentheke, schlürfte eine Tasse Tee und musterte die Kinder missbilligend.

Die Antwort auf Jareds Frage blieb Josy zum Glück erspart, denn Mrs Summer stellte einen Teller mit Rührei vor ihr ab, von dem sich Josy gleich ein paar

---

some etwas
how many wie viele
times Male

Gabeln nahm. Mit vollem Mund soll man ja bekanntlich nicht reden.
"Miss Josy." Jonathan tippte ihr mit dem Finger auf die Schulter. "I **would** really **like** to start our search now. You **need to** dig up the garden. Maybe Pinchington **hid** the ruby in a **flowerbed**."
"I'**ve nearly finished**", antwortete sie.
Jared schaute sie fragend an. "What have you nearly finished?"
Josy errötete. Wenn sie jetzt mit der Wahrheit herausrückte, würde er sie ganz sicher für durchgeknallt halten.
"Äh …", stammelte sie. "I've nearly finished reading the book that was on the table yesterday. It's the story of **that** famous **local** detective. Did you know that he tried to solve a case about a **lost** ruby that belonged to my great-great-great-aunt? He caught the thief – a man called Pinchington – but the ruby was never **found**."

---

would like möchte
need to musst
hid hat versteckt
flowerbed Blumenbeet
nearly fast
have finished bin fertig
that diesem
local hiesigen
lost verlorenen
found gefunden

"Wow, that **sounds exciting**", rief Jared. Partridge schaute auf und musterte ihn. Jared kümmerte sich nicht darum.
"I was hoping you could help me **find out more** about it", meinte Josy, stolz, so geschickt die Kurve bekommen zu haben.
"That could be **fun**. Maybe we should start by looking in the town library. They have a **collection** of old **newspapers**." Jared schob sich einen weiteren Löffel Cornflakes in den Mund.
Partridge knallte seine Tasse auf die Küchentheke und verließ mit grimmiger Miene die Küche.
Mrs Summer sah ihm kopfschüttelnd nach. "He's **in a bad mood** today. I wonder why? Well, I**'ve got to** go and **clean** the rooms. Have a nice morning, children. Be back **in time** for lunch, won't you?" Sie wischte sich die Hände an der Schürze ab und verschwand ebenfalls.

---

sounds klingt
exciting aufregend
find out herauszufinden
more mehr
fun Spaß
collection Sammlung
newspapers Zeitungen
in a bad mood schlecht gelaunt
have got to muss
clean saubermachen
in time rechtzeitig

Jared wandte sich an Josy. "Do you know when **exactly** the ruby was **stolen**?"
"Yes. It was in 1888."
"Great. Let's go."
Josy schluckte schnell das letzte Stück Speck herunter und stand auf. Nachdem sie Teller und Tassen gespült hatten, machten sie sich auf den Weg in die Stadt. Jonathan folgte ihnen, unablässig nörgelnd, welche Zeitverschwendung es doch sei, im Zeitungsarchiv nach Hinweisen zu suchen, statt gleich im Garten nachzusehen.
Genervt von diesem Gequengel, riss Josy schließlich der Geduldsfaden. "I want to find out more about Pinchington **first**", sagte sie ärgerlich. "Please let me try to solve this mystery in my **own** way."
"I don't have a **choice**, do I?", meinte Jonathan schmollend.
Jareds Miene war ein einziges Fragezeichen. "Of course I'll let you try to solve it your way", sagte er. "I'm **even** trying to help you, **remember**? That's why we're **on the way** to the library."

---

exactly genau
stolen gestohlen
first zuerst
own eigene
choice Wahl
even sogar
remember erinnerst du dich
on the way unterwegs

Josy biss sich verlegen auf die Unterlippe. Zu dumm, dass Jared Jonathan weder sehen noch hören konnte. "Sorry. I was **just** thinking **aloud**."
Jared nickte und zog die Augenbrauen hoch. Offenbar glaubte er ihr nicht.
Den Rest des Weges legten sie schweigend zurück, jeder in seine Gedanken versunken.

Neugierig sah sich Josy in der Bücherei um. Dicht an dicht reihten sich die Bücher aneinander. Die Regale reichten bis unter die Decke. In der Mitte des Raumes befand sich ein Lesetisch mit grünen Schirmlampen, und hinter seinem Tresen sortierte ein gelangweilt aussehender Bibliothekar einen Stapel Bücher. Jared ging geradewegs zu ihm und erklärte ihr Anliegen.
Der Mann bedeutete ihnen mitzukommen und sie folgten ihm in die hinterste Ecke des Raumes, wo ein großer Computer stand. Der Bibliothekar knipste die Lampe an, schaltete den Computer ein und rief ein Programm auf. Dann erklärte er Jared kurz, wie er im elektronischen Archiv suchen musste, ehe er sie allein ließ.
Jared tippte 1888 und den Namen der Zeitung in die Suchleiste. *Zack* – erschienen auf dem Bildschirm

---

just nur
aloud laut

lauter kleine Bildchen mit den verschiedenen Ausgaben aus dem Jahr 1888.
"So when exactly was the ruby stolen?", fragte Jared.
Josy war ratlos, da flüsterte ihr Jonathan etwas ins Ohr.
"On August 1st", wiederholte sie laut seine Worte.
Jared suchte die entsprechende Ausgabe, doch in der Zeitung vom 1. August stand nichts über den Diebstahl. Ebensowenig wie in der Ausgabe vom 2. oder 3. August.
"**Damn!**", schimpfte Josy. "Why **didn't** the newspaper **report** it?"
"Maybe your great-great-great-aunt didn't want to **make** it **public**?", antwortete Jared.
"What do we do now?", fragte Josy.
"You could **look up** the day of my death, August 8th", sagte Jonathan und verdrehte die Augen.
"Yes, good idea", antwortete sie.
Jared starrte Josy verständnislos an. "What's a good idea? Who are you talking to?"
"**Would** you believe me if I told you I was talking to a ghost?", sagte Josy und musste sogleich innerlich fluchen. Bestimmt hielt Jared sie jetzt für völlig Banane.

Damn! Verdammt!
didn't report hat nicht berichtet
make public bekannt machen
look up nachschlagen
would würdest

"No, I wouldn't. I'd think you were **nuts**", antwortete Jared grinsend, genau wie Josy befürchtet hatte.
Rasch sagte sie: "Well then, I **just** had a **flash of inspiration**."
Jared grinste immer noch. "If you say so."
Josy lief ketchuprot an. Vermutlich hielt Jared sie für völlig verrückt. Hastig versuchte sie abzulenken. "Look up August 9th, will you? It's the day after Jonathan Smartypants died."
"Okay." Jared suchte die entsprechende Ausgabe heraus. Und tatsächlich – hier fanden sie, was sie suchten. Unter der fetten Schlagzeile "Famous Detective Killed In Accident" prangten ein großes Foto von Jonathan und ein kleineres Foto von einem Mann in gestreifter Gefängniskleidung, der sie finster anstarrte. Er hatte buschige Augenbrauen, so dick wie Balken, eine riesige Nase und ein spitzes Kinn. Sein glattes Haar war in der Mitte gescheitelt. Im Artikel lasen sie, dass sich der Gefängnisinsasse Pinchington damit brüstete, dem Detektiv ein Schnippchen geschlagen zu haben.
"Oh, the scoundrel!", rief Jonathan zornig.
"He looks a **bit** like Partridge", sagte Josy. Besonders die Augenbrauen und die Nase erinnerten sie sofort an den Gärtner.

---

nuts verrückt
just gerade
flash of inspiration Geistesblitz
bit bisschen

"Yes, you'**re right**", stimmte Jared zu. "How strange." Sie lasen den Artikel sorgfältig durch, doch einen Hinweis auf den verschwundenen Rubin fanden sie nicht.
"Well, that wasn't a great **success**", sagte Josy und seufzte.
"Maybe we'll find a **clue** in the Smartypants Museum", schlug Jared vor.
"Oh yes! Good idea."

---

are right hast recht
success Erfolg
clue Hinweis

"It's a **waste of time searching** my old **home**", sagte Jonathan aufgebracht. "We need to start looking in your garden!"
Josy tat, als hätte sie ihn nicht gehört, denn sie war neugierig, Jonathans Haus zu sehen. Sie folgte Jared zum Tresen, um dem Bibliothekar mitzuteilen, dass sie fertig waren. Dann verließen sie die Bücherei. Jonathan schwebte ihnen mit mürrischer Miene hinterher. Jared war schon einige Schritte gegangen, als Josy wie erstarrt stehen blieb.
Verwundert drehte er sich zu ihr um. "**What's the matter?**"
"That's my uncle in front of the town hall", antwortete sie.
Tatsächlich stand vor dem Rathaus Onkel Edward und neben ihm Partridge, der Gärtner. Seltsam – war das ein Zufall?
"Do you want to say hello?", fragte Jared.
"No, no. **Anyway**, he's talking to Partridge", meinte Josy.
"Yes ... They **both** look **pretty** angry, don't they?"

---

waste of time Zeitverschwendung
searching zu durchsuchen
home Zuhause
What's the matter? Was ist los?
anyway wie auch immer
both beide
pretty ziemlich

"I wonder what they're talking about?"
"Shall we try to find out?", schlug Jared vor.
In diesem Augenblick schaute sich Partridge um, als hätte er ihren Blick gespürt. Josy zog Jared rasch in den Eingang der Bücherei zurück.
"I'll go and find out," meinte Jonathan. "This is one of the good things about being invisible – you can **stand right** next to people and **eavesdrop on** them. See you in the museum", sagte er und schwebte über die Straße.
"Come on, let's go", sagte Josy und machte sich mit Jared auf den Weg in die Butcher Street, wo sich das Smartypants-Museum befand.

---

stand stehen
right direkt
eavesdrop on belauschen

Besuch im Museum

Das Museum war überhaupt nicht so, wie man sich ein Museum normalerweise vorstellt. Es gab keine Vitrinen mit Ausstellungsstücken hinter Glas, dafür aber gemütlich eingerichtete Räume, die exakt so belassen worden waren, wie der berühmte Detektiv sie einst eingerichtet hatte.

Im Wohnzimmer standen zwei behaglich aussehende Sessel mit Spitzendeckchen über der Lehne und in dem offenen Kamin war Feuerholz aufgeschichtet, brannte aber nicht. Neben dem Fenster befand sich ein altes Klavier und die Wand auf der anderen Seite war von Bücherregalen bedeckt.

Die Ausstellungsstücke waren geschickt überall im Haus verteilt. Neben einem kleinen Tisch stand beispielsweise eine große Bodenvase mit einem vertrockneten Blumenstrauß. Ein Schild erklärte, dass ein Mörder in eben jener Blumenvase die Mordwaffe, einen schmalen silbernen Dolch, versteckt hatte. Jonathan Smartypants war ihm aufgrund der vertrockneten Blumen schnell auf die Schliche gekommen. Ebenso wie dem Dieb, der eine wertvolle Perlenkette in einer Weinflasche versteckt hatte. Jonathan hatte ihn entlarvt, weil die Flasche nicht verkorkt, sondern mit Wachs versiegelt worden war. Neben jedem Ausstellungsstück prangte eingerahmt ein Zeitungsausschnitt mit einem Bericht über den fabelhaften Meisterdetektiv und den jeweils gelösten Fall.

"This is incredible!", meinte Josy. "I didn't know he solved so many cases."

"Yes, he was one of the **most famous** detectives of his day", bestätigte Jared. "Come on, let's **have a look at** his **study**."

Sie gingen weiter ins Arbeitszimmer. Der Raum wurde von einem riesengroßen, eindrucksvollen Mahagonischreibtisch beherrscht. Auch hier fanden sich große Bücherregale und ein Sessel neben dem Kamin. Eine Frau arrangierte liebevoll einige bunte Blumen in der Vase auf dem Kamintisch. Jonathan schwebte zum offenen Fenster herein und sah ihr dabei zu. Die Frau bemerkte jedoch keinen von ihnen, so vertieft war sie in ihre Arbeit.

"Hello, Mrs Johnson", grüßte Jared.

Die Frau drehte sich um. "Hello, Jared. Nice to see you **again**. Who's this young lady?"

"This is my friend Josy. I'm showing her the **sights** of Pyeville."

"Hello, Josy. What do you think of the museum?", grüßte Mrs Johnson.

---

most famous berühmtesten
have a look at ... einen Blick auf ... werfen
study Büro
again wieder
sights Sehenswürdigkeiten

"Oh, it's very **impressive**. Mr Smartypants must have been a great detective."
"Yes, he was. **Actually**, he was my great-great-great-uncle", antwortete Mrs Johnson. "But I don't think you'**ve seen** everything yet. We have a new **exhibit**. We only **discovered** it **a few days ago**."
Nun machte auch Jared große Augen. Mrs Johnson ging hinüber zum Schreibtisch, zog eine der kleinen Schubladen heraus und griff hinein. Dort verbarg sich offenbar eine Feder, denn die Seitenwand des Schreibtischs sprang wie eine Tür auf.
Jared und Josy hüpften erschrocken einen Schritt zurück.
"Wow – a **secret compartment**!", rief Jared.
Auch Josy war von dem Geheimfach begeistert.
"Yes, but **unfortunately** nothing was **hidden** in it", sagte Mrs Johnson. Mit bedauernder Miene deutete sie auf die Vertiefung in der Seitenwand. Jonathan, der immer noch am Fenster stand und alles beobachtete, grinste selbstzufrieden.

---

impressive beeindruckend
actually tatsächlich
have seen gesehen habt
exhibit Ausstellungsstück
discovered haben entdeckt
a few days ago vor ein paar Tagen
secret compartment Geheimfach
unfortunately leider
hidden versteckt

Josy bemerkte es und warf ihm einen fragenden Blick zu.
In diesem Augenblick klingelte irgendwo ein Telefon.
"Excuse me", sagte Mrs Johnson und verließ das Zimmer.
Mit Blick auf den grinsenden Jonathan meinte Josy: "I wonder if **there** really **is** something in the secret compartment?"
Jonathan schwebte heran. "Yes, there is. Have a look", sagte er.
Jared verspürte einen kühlen Windhauch und schaute sich suchend um.
Jonathan drückte, nur für Josy sichtbar, auf ein Astloch in der Öffnung. Eine kleine Klappe sprang auf und offenbarte ein weiteres Geheimfach. Darin lag ein weißes, ziemlich zerknittertes Papier. Er nahm es heraus und reichte es Josy.
Für Jared sah es so aus, als hätte sich das Geheimfach von selbst geöffnet und das Papier würde nun durch die Luft schweben. "But … but …", stammelte er. "That's **impossible**!"
"No, it's not", erwiderte Josy. "Oh, **I do wish** you would try to believe in ghosts. I want to introduce you to Mr Smartypants."

---

there is es gibt
impossible unmöglich
I do wish ich wünsche mir so

"Is there really a ghost in this room?" Zweifelnd sah sich Jared im Raum um und erkannte tatsächlich ein streifiges Flimmern neben dem Geheimfach.
Um ihn völlig zu überzeugen, machte sich Jonathan an Jareds Jacke zu schaffen und stibitzte ihm einen Schokoriegel aus der Tasche. Verwundert rieb sich Jared die Augen. Sein Schokoriegel schwebte in der Luft, das Papier wickelte sich langsam wie von selbst ab, zerknäulte sich zu einem Ball und flog in hohem Bogen in den Papierkorb. Jonathan lächelte zufrieden und biss herzhaft von dem Schokoriegel ab.
"Hey, that's my chocolate! Give it back, you **thieving** ghost", rief Jared empört.
Das Flimmern wurde stärker … und stärker … und Jonathan wurde auch für Jared vollständig sichtbar.
Der Detektiv hielt Jared den Rest vom Schokoriegel hin und verbeugte sich. "Jonathan Smartypants, at your service."
"I … I …", stammelte Jared. Josy prustete los.
"You sound like me when I can't remember a word in English. You see? He's **real**, and he's really nice, too."
"Well, it's only **natural** for him to be **awestruck**. I am a **celebrity**, after all", meinte Jonathan herablassend.

---

thieving diebischer
real echt
natural natürlich
awestruck von Ehrfurcht ergriffen
celebrity Berühmtheit

Jared stopfte sich die Schokolade in den Mund. "Was he there all the time?", fragte er kauend.
Josy nickte, froh, dass sich ihr seltsames Verhalten nun von selbst erklärte. An Jonathan gewandt, meinte sie: "This **hiding place** was a clever idea."
"Yes. A hidden compartment inside a secret drawer – I **knew nobody** would find it", gab Jonathan geschmeichelt zurück.
"But why did you hide this letter in there? It's not a **secret**, is it?"
Jonathan schüttelte ungeduldig den Kopf. Offenbar lag für ihn der Grund klar auf der Hand. "I didn't want anybody to read these **insults**. **At first** I **was going to throw** Pinchington's letter **away**. That's why it's **crumpled**. Then I **decided** to **examine** it for hidden clues, like invisible **ink** or a **letter code**."

---

hiding place Versteck
knew wusste
nobody keiner
secret Geheimnis
insults Beleidigungen
at first zunächst
was going to wollte
throw away wegwerfen
crumpled zerknüllt
decided habe mich entschieden
examine untersuchen
ink Tinte
letter code Buchstabencode

"Aha", meinte Josy.

Jared hatte sich allmählich wieder gefasst. "But why would the thief **send** you a hidden message?", fragte er. "That makes no **sense**. He doesn't want you to solve the case, so why would he help you?"

Josy fand, dass Jared damit recht hatte. Auch ihr leuchtete nicht ein, warum der Dieb eine geheime Botschaft in einem Brief voller Beleidigungen versteckt haben sollte.

"Good question." Jonathan nickte anerkennend. "Well, you see, Pinchington was very **sure of himself**. He **boasted** that I would never find the ruby, and he always liked to taunt me. That's why I thought **there might be** a hidden message in the letter."

"Then we should take it with us and **check** it", sagte Josy.

"I already have, Miss Josy. I've had more than a hundred years to examine it. There are no hidden clues! No invisible ink, no code, nothing!"

"Maybe Jared and I will find something you **missed**."

---

send schicken
sense Sinn
sure of himself von sich eingenommen
boasted prahlte
there might be es könnte geben
check kontrollieren
missed *hier:* übersehen haben

"Pah!", empörte sich Jonathan. "I have never missed a clue in my life. **Not since** my death, **either**. And I **very much doubt** that you children **will succeed** where I, Jonathan Smartypants, **have failed**."
"Pfft!", machte Josy und wollte gerade zu einer pampigen Erwiderung ansetzen, als sie Mrs Johnson zurückkommen hörten. Rasch schlossen sie das Geheimfach. Jonathan versteckte sich unnötigerweise – denn Mrs Johnson konnte ihn ja gar nicht sehen – und Josy ließ den Brief schnell in ihre Jackentasche gleiten.
Nun hatten Josy und Jared es eilig, nach Hause zu kommen; sie waren beide neugierig, was in dem Brief zu lesen war.
Die Nachricht muss ziemlich unverschämt sein, wenn Jonathan sich so darüber aufregt, dachte Josy. Na, er wird schon sehen, dass zwei Kinder nicht dümmer sind als ein toter Privatdetektiv, der seit über hundertzwanzig Jahren nach einem Rubin sucht.
Sie verabschiedeten sich hastig von der Museumsleiterin und stürzten gleich darauf aus dem Haus – geradewegs in die Arme von Onkel Edward.

---

since seit
not either auch nicht
very much sehr
doubt bezweifle
will succeed Erfolg haben werdet
have failed gescheitert bin

Der geheimnisvolle Brief

"Hello, Josy", grüßte Edward. "Are you doing some **sightseeing**?"
"Hello, Uncle Edward", antwortete Josy. "Yes, Jared has been showing me the museum."
"How nice. Tell your mother I'll come and see her this afternoon. I need to speak to her **urgently**."
"Okay."
Ohne sich zu verabschieden, lief Edward davon. Josy sah ihm verwundert nach. Warum ihr Onkel wohl so dringend mit ihrer Mutter sprechen wollte? Nun, dieses Rätsel würde sie später lösen. Jetzt war erst einmal der Brief dran. Gemeinsam machten sie sich auf den Heimweg. Jonathan schwebte lautlos hinter ihnen her. Zu Hause angekommen, verschwanden sie im Gartenpavillon, um sich ungestört beratschlagen zu können. Jonathan quetschte sich zwischen Josy und Jared auf die halbrunde Steinbank. Dabei glitt er rechts ein wenig in Jareds Hüfte und links in Josys Seite. Auf Josys Arm bildete sich eine Gänsehaut und Jared schüttelte sich leicht, als hätte man ihnen einen Eimer kaltes Wasser übergeschüttet. Sie rückten ein bisschen weiter auseinander, um dem Detektiv Platz zu machen.

---

sightseeing Besichtigung der Sehenswürdigkeiten
urgently dringend

Josy holte den Brief aus der Tasche und strich ihn glatt.

"**You can't hold a candle to me**. **Even if** you look between the **sheets** and listen to the clock **strike**, you'll never find the key to the ruby", las sie vor. "**What on earth** does that mean?"

"Oh, it just means that the writer is a scoundrel who is taunting me. Me! The great Smartypants!", schimpfte Jonathan. Seine ganze geisterhafte Gestalt flimmerte unruhig vor unterdrückter Wut.

"If there's a hidden message in the letter, maybe we can **work** it **out together**?", überlegte Josy.

Jonathan verschränkte die Arme und lehnte sich auf der Bank zurück. "**Good luck!** I think it's a waste of time. There is no hidden message", sagte er selbstgewiss.

Jared ignorierte ihn und griff nach dem Brief. "I can't make sense of it. He says that he's cleverer than Jonathan, but why is he talking about sheets? Surely he didn't hide the ruby in his bed?"

You can't hold a candle to me. Sie können mir nicht das Wasser reichen.
even if selbst wenn
sheets Laken
strike schlagen
what on earth was in aller Welt
work out herausfinden
together zusammen
Good luck! Viel Glück!

"No, of course not", antwortete Jonathan herablassend. "I checked there a **century** ago. And he's not cleverer than me."
Jared hob die Augenbrauen und grinste. "Well, you **haven't found** the ruby yet, have you?"
Jonathan sah ihn an, als wollte er ihn mit seinen Blicken ebenfalls ins Geisterleben befördern, obwohl er zugeben musste, dass Jared recht hatte.
Mit gekrauster Stirn schaute Josy von einem zum anderen. "Maybe we should take the words **literally**?"
"Yes, maybe", stimmte Jared zu. "Candle … Well, there's a **candlestick** on the piano, and an old **grandfather clock** nearby. Maybe the ruby is hidden in there?"
Jonathan schnaubte. Natürlich hatte er auch das längst überprüft. Von den Möbeln, die es damals im Haus gab, waren so gut wie alle erhalten geblieben und auch die Einrichtung hatte sich kaum verändert.
"I've checked the …"
Er wurde von einem lauten Knacken vor dem Pavillon unterbrochen.
"Ssh", sagte Jared und legte den Finger auf die Lippen. Dann öffnete er leise die Tür und lugte nach

---

century Jahrhundert
haven't found haben nicht gefunden
literally wörtlich
candlestick Kerzenständer
grandfather clock Standuhr

draußen. Josy hockte sich auf die Bank und blickte aus dem Fenster, geradewegs in ein Augenpaar, über dem sich buschige Brauen unheilvoll zusammenzogen. Partridge! Rasch ließ sie den Brief in ihrer Tasche verschwinden und sprang auf, um Jared zu warnen.

Da kam der Gärtner auch schon zur Tür gerannt, in der Hand eine Motorsäge. "**What the hell** are you kids doing in there?", blaffte er.

Josy öffnete den Mund, doch Jared kam ihr zuvor.

"Do you need my **help** cutting the **hedge**?" Er deutete auf die Motorsäge.

Aus dem Konzept gebracht, kratzte sich Partridge am Kopf. "No. But **get out of here**. The pavilion is dangerous. The roof could fall down **any** minute."

"Really? I didn't know that", sagte Jared und winkte Josy, ihm zu folgen. "Oh, by the way, Mr Partridge, I **met** a man **recently** who looked like you. He was called Pinchington. Are you **related**, **by any chance**?"

---

what the hell was zum Teufel
help Hilfe
hedge Hecke
Get out of here. Raus hier.
any jede
met habe getroffen
recently vor Kurzem
related verwandt
by any chance zufällig

Josy blickte bewundernd zu Jared. Sie hätte es nie fertiggebracht, den Gärtner direkt darauf anzusprechen.
Partridges Augen funkelten. "**It's none of your business** who I'm related to", meinte er und fuchtelte wild mit der Motorsäge. Jared trat erschrocken einen Schritt zurück. "Now, go away! I've got **work** to do."
Eilig traten Josy, Jared und Jonathan den Rückzug an. "Nice **try**. I **had noticed** it too, of course, but I wasn't able to find out more about him. He's very **secretive**", sagte Jonathan, während sie über den Rasen zum Haus zurückliefen beziehungsweise schwebten. "You've made him very angry. I wonder why."
"Oh, he's always like that", meinte Jared. "Come on, let's check that candlestick."

It's none of your business. Es geht dich nichts an.
work Arbeit
try Versuch
had noticed hatte gemerkt
secretive verschlossen

Aufgehalten

In der Halle begegneten die drei Detektive Mrs Summer, die Jared bat, ihr bei den Vorbereitungen zum Tee zu helfen. Da fiel Josy ein, dass ihr Onkel sich angekündigt hatte. Sie machte sich auf die Suche nach ihrer Mutter und fand sie in der Bibliothek. Sabine saß an dem langen Tisch und blätterte mit gerunzelter Stirn in einem großen Buch.

"Was machst du da?", fragte Josy.

"Ach, das ist ein Fotoalbum. Ich bin zufällig darüber gestolpert, als ich mir einen Überblick über die vorhandenen Bücher verschaffen wollte. Die Bibliothek ist wirklich klasse und so riesig. Ich bin sicher, auch die Gäste unseres Bed and Breakfast werden sie lieben."

Neugierig kam Josy näher. Ihre Mutter betrachtete eine verblasste braune Fotografie, auf der ein Paar in mittleren Jahren steif in die Kamera blickte. Der Mann trug einen schwarzen Frack, Zylinder und Spazierstock. Am Kragen des langen hellen Kleides der Frau war eine herzförmige Brosche zu erkennen.

"Das sind wohl Ururgroßtante Lavinia und Sir Reginald", meinte Josy.

Ihre Mutter blickte sie überrascht an. "Ja, stimmt. Woher weißt du das?"

"Ach, keine Ahnung. Wahrscheinlich hast du mir schon einmal von ihnen erzählt." Josy blickte angestrengt auf das Foto. Sie wollte ihrer Mutter nicht verraten, woher sie von den beiden wusste. Denn dann müsste sie auch von dem verschwundenen Rubin erzählen und natürlich von Jonathan. Irgendwie hatte sie aber das Gefühl, dass ihre Mutter ihr nicht glauben würde.

"Übrigens habe ich im Dorf Onkel Edward getroffen. Er will nachher vorbeikommen", sagte sie.

"Ach ja? Das hat mir gerade noch gefehlt. Wahrscheinlich will er mir wieder damit drohen, gegen mich zu klagen", erwiderte Josys Mutter seufzend. "Na schön, ich komm ohnehin nicht drumherum. Sag doch bitte Mrs Summer, sie soll ein paar Sandwiches mehr zum Tee vorbereiten."

"Ist gut." Josy machte sich auf den Weg in die Küche. Dort arrangierte Mrs Summer Biscuits in einer ovalen Schale. Jared hatte eine Schürze umgebunden und strich Butter auf Toast. Jonathan saß auf einem Stuhl und starrte gierig auf die silberne Platte, auf der die herrlich duftenden, frisch gebackenen Scones angerichtet waren. **Clotted cream** und Marmelade standen auf einem Tablett bereit.

"**Don't you dare**", flüsterte Josy dem Geist im Vorübergehen zu, als der die Finger nach einem Scone ausstreckte. Und an Mrs Summer gewandt: "My

---

clotted cream Streichrahm

Don't you dare. Wagen Sie es nicht.

uncle is coming for tea. My mum asked if you could please make **some** extra sandwiches."
Mrs Summer brummelte leise vor sich hin. "No problem", sagte sie dann.
"May I help?", fragte Josy.
Die Haushälterin zuckte die Schultern und deutete auf den Küchenschrank. "You could put the **teacups** on the **tray** for me, if you like."
Josy ging zum Küchenschrank. Vor dem Fenster schnippelte der Gärtner an einem Rosenbusch herum. "How many years have you and Mr Partridge worked for my great-aunt?", platzte sie neugierig heraus.
Mrs Summer erklärte, dass sie vor dreißig Jahren bei Feodora zu arbeiten angefangen hatte, fünf Jahre eher als der Gärtner.
Josy nickte. "Do you know whether he has a **relative** called Pinchington?"
"Oh, I don't know. He never talks about his family. Why do you ask?"
Zum Glück schellte es in diesem Moment und die Antwort blieb ihr erspart, denn Mrs Summer hastete zur Tür.
Das ist bestimmt Onkel Edward, dachte Josy. Dann hörte sie eine weitere, ziemlich schrille Stimme. Oh

---

some ein paar
teacups Teetassen
tray Tablett
relative Verwandten

nein, Lucinda ... Edwards Tochter. Die hatte ihr gerade noch gefehlt! Seufzend stellte sie eine weitere Tasse auf das Tablett.

Josy konnte ihre angeberische Kusine nicht ausstehen. Lucinda trug ausschließlich Markenklamotten und ihre Nase ausgesprochen hoch. Ständig erzählte sie von den *fantastischen* Reisen nach Paris und New York, die sie bereits unternommen hatte. Und natürlich hatte sie dort Dutzende von Prominenten kennengelernt. In Lucindas Gegenwart fühlte sich Josy immer wie Aschenputtel. Zum Glück sahen sie sich sowieso selten, höchstens in den Ferien, denn Lucinda ging selbstverständlich auf ein Eliteinternat.

Mrs Summer kehrte in die Küche zurück und sagte: "Josy, your mother'**s asking** you to **join** her in the drawing room. Jared, help me **serve** the tea, please."

Sie ergriff das Tablett mit den Scones und stellte den Teller mit den Sandwiches dazu. Jared nahm seine Schürze ab und griff sich das Tablett mit dem Geschirr. Gefolgt von den beiden, verließ Josy die Küche, um Onkel Edward und ihre Kusine zu begrüßen.

Josys Mutter saß auf einem der Sessel, Onkel Edward und Lucinda hatten ihr gegenüber auf dem Sofa Platz genommen.

---

is asking bittet
join ... zu ... zu kommen
serve servieren

"Hallo, Onkel Edward, hallo Lucinda", grüßte Josy. Die beiden nickten knapp.
Lucinda steckte wieder in den neuesten Designer-Klamotten und hatte sich das Gesicht mit Make-up zugekleistert. Abfällig musterte sie Josy in ihrer alten Jeans. Dann fiel ihr Blick auf Jared, der die Gedecke verteilte, und ihre Miene hellte sich auf. "Hello. I like my tea with sugar, please", sagte sie, klimperte mit den Wimpern und hielt ihm ihre Tasse hin.
Josy verdrehte die Augen. Jared tat, als hätte er nichts gehört, und machte sich schleunigst aus dem Staub. Seine Großmutter schenkte den Tee aus und ging dann ebenfalls.

"Jetzt setz dich doch endlich, Josy." Ihre Mutter sah sie mit ungeduldiger Miene an.
Josy ließ sich auf einen Sessel fallen, der möglichst weit von ihrer Kusine entfernt stand. Von dort hatte sie einen guten Blick auf das Porträt, von dem aus ihr Jonathan zuzwinkerte. Lucinda nahm sich eines der Scones, schmierte reichlich Marmelade auf das Brötchen und biss genussvoll hinein. Ein Marmeladetropfen lief ihr ganz undamenhaft übers Kinn. Grinsend griff Josy nach einem der Sandwiches.
Onkel Edward hingegen ließen Tee und Gebäck kalt. Er kam gleich zur Sache. "You know, Sabine, my mother and I, we had our … little **rows**. I **didn't**

---

rows Auseinandersetzungen

visit her **often**, but I did love her, you know. This house is full of **memories** of her, and I should be **the one** who lives here. She was my mother, after all. So I want to make you an **offer**. Four hundred thousand **pounds** for the **estate**."

Sabine holte tief Luft. Josy schaute erschrocken zu Jonathan, der ebenso bestürzt aussah wie sie. 400 000 Pfund waren eine Menge Geld. Damit konnte ihre Mutter bestimmt überall ein Bed and Breakfast eröffnen. Doch nun, da Josy Jonathan kennengelernt und von dem gestohlenen Rubin erfahren hatte, hoffte sie, dass ihre Mutter das Angebot ablehnte. Inzwischen gefiel es ihr hier ganz gut, auch ohne Internetanschluss. Außerdem musste sie unbedingt das Rätsel lösen und die Rubinbrosche aufstöbern, damit Jonathan seinen Frieden fand.

Sabine ließ sich Zeit mit einer Antwort und nippte erst einmal an ihrem Tee. Josy saß wie auf glühenden Kohlen. Mensch Mama, jetzt sag doch was, dachte sie ganz hippelig.

Endlich setzte Sabine ihre Tasse ab und meinte:

---

didn't visit habe nicht besucht
often oft
memories Erinnerungen
the one derjenige
offer Angebot
pounds Pfund
estate Anwesen

"Thank you for your **generous** offer, Edward, but I have to **refuse**."

"What!" Edward sprang so heftig auf, dass er an den Tisch stieß und die Tassen klirrten. Sein Tee schwappte über und ergoss sich in einer braunen Pfütze auf den Unterteller. "Do you want more money? Okay, fine. How much?" Sein Gesicht war wutverzerrt und Josy musste unwillkürlich an Rumpelstilzchen denken.

"Edward, I don't want to sell the house. I'm going to do what Aunt Feodora wanted. She wanted me to **turn** the house **into** a hotel, and that is what I'm going to do", erklärte Sabine und warf Josy einen entschuldigenden Blick zu. "It's perfect for that."

"In that case, I'll see you **in court**. And it's obvious who'**ll have the last laugh** – me! Ask Speckleton. He'll tell you." Drohend schaute er Sabine an.

Die ließ sich jedoch nicht beirren. "Maybe it's you who should ask Mr Speckleton. He'll tell you that you have no chance **at all**."

"Ah, but you'**re wrong**", erwiderte Edward. "I have an excellent chance of winning. And going to court

---

generous großzügiges
refuse ablehnen
turn into ... in ... verwandle
in court vor Gericht
will have the last laugh zuletzt lachen wird
at all überhaupt
are wrong liegst falsch

will be very expensive, as Speckleton will tell you. **Call** him if you don't believe me."
"Yes, you can be sure that I'll call him."
"Well, why don't we call him now?", meinte Edward herausfordernd.
Sabine erhob sich seufzend und verschwand mit Edward im Arbeitszimmer. Josy blieb allein mit Lucinda zurück.
Missmutig wandte sie sich ihrer Kusine zu. "Shall we go up to my room?", sagte sie widerstrebend.
"No", antwortete Lucinda. "How boring. I'**d rather meet** that **servant** of yours. He was **cute**."
Pfft, dachte Josy. Sie hatte ohnehin nicht die Bohne Lust gehabt, mit der dummen Pute auf ihr Zimmer zu gehen. Gemeinsam machten sie sich auf die Suche nach Jared. Sie entdeckten ihn in der Küche, wo er am Tisch saß und ganz gemütlich Muffins mampfte. Als sie hereinkamen, wischte er sich schnell die Krümel vom Mund.
"Hi, Jared", sagte Josy. "My cousin Lucinda wants to meet you."
Lucinda warf sich sofort in Positur. "Hello", sagte sie und klimperte wieder mit den Wimpern.

---

call ruf an
would rather möchte lieber
meet treffen
servant Diener
cute niedlich

Josy zog eine Grimasse.
"Nice to meet you", sagte Jared. "Do you live in the village? I don't remember seeing you before. And I'm sure I would remember!"
Ach du Schande, dachte Josy. Die Süßholzraspelei ging ihr gewaltig auf den Keks.
Doch bei Lucinda schien sie gut anzukommen. "Oh no, I live in London. But we'll probably see **each other** more often in **future**. My father is the new owner of Pyeville Manor", sagte sie und lächelte Jared zuckersüß an.
"No he's not", warf Josy wütend ein. "My mum's the new owner, and you know it."

"Don't be so sure", gab Lucinda zurück. "**Ignore** my little cousin", sagte sie zu Jared. "**Sooner** or later my father will own this house."
"I see", sagte Jared. "And will you live here, then?"
"Oh no", sagte Lucinda lachend. "I'd rather be **buried alive** than live **in the country**. My father'**s going to pull down** the house and **build** a five-star

---

each other uns
future Zukunft
ignore ignoriere
sooner früher
buried begraben
alive lebendig
in the country auf dem Land
is going to pull down wird abreißen
build bauen

hotel on the estate. It'll have **tennis courts** and a **golf course**, and a pool." Lucinda strich sich geziert die langen Haare zurück.

"Wow. It would be fun to work in a big hotel", sagte Jared.

Lucinda setzte sich neben ihn. "When it's finished, I'll come here often, of course. And it would be nice to see you again. But I'm not sure whether we'd be able to give the **staff** of Pyeville Manor jobs in the new hotel. Our **guests** will be celebrities, not **country bumpkins** like my aunt and Josy." Sie warf ihrer Kusine einen verächtlichen Blick zu.

Josy kochte vor Wut. Dass Lucinda es wagte, sie vor Jared so runterzumachen, ging nun wirklich zu weit. "You're such a ..." Josy suchte krampfhaft nach dem passenden Ausdruck.

Jared bemerkte es und half ihr grinsend aus: "How about '**stupid** cow'?"

"Yes, that's what you are", stimmte Josy zu.

"How dare you!" Lucinda sprang wütend auf. "I'll tell my father what you called me! He'**ll fire** you."

---

tennis courts Tennisplätze
golf course Golfplatz
staff Angestellten
guests Gäste
country bumpkins Landeier
stupid blöde
will fire wird feuern

"Well, Lucinda, I'm what *you* call a country bumpkin. So if you ever do come here again, I'll make sure that I'm *not* here to meet you. And your father can't fire me, because I don't work for him." Nach diesen Worten verließ Jared die Küche und ließ die Tür knallend hinter sich ins Schloss fallen.

Lucinda schnappte entrüstet nach Luft, dann verließ sie ebenfalls die Küche. Josy folgte ihr.

Im Salon trafen sie auf Sabine und Onkel Edward.

"Can we go now, Daddy? I don't like it here", sagte Lucinda zu ihrem Vater.

"In a minute, darling", antwortete Edward. Er wandte sich Sabine zu. "Well, you **heard** Speckleton. He says it's a good offer. Think about it. I'll be back tomorrow with the **contract**." Und ohne sich zu verabschieden, verließen er und seine Tochter das Haus.

---

heard hast gehört
contract Vertrag

Einbrecher

Erst nach dem Abendessen fanden Josy und Jared Zeit, sich wieder auf die Suche nach dem Rubin zu machen. Sie gingen ins Musikzimmer, um den Leuchter auf dem Klavier und die Standuhr zu untersuchen. Jonathan begleitete sie schmollend.

"This is a **dead end**", murrte er. Er wusste, dass der Rubin dort nicht versteckt war. Das hatte er schon vor hundert Jahren überprüft. Außerdem würde man seiner Meinung nach an einem so offensichtlichen Ort nie und nimmer ein wertvolles Juwel verstecken. Dass Josy und Jared sich nicht auf sein fachliches Urteil verlassen wollten, ärgerte ihn.

"That's strange", sagte Jared erstaunt und blieb verblüfft stehen. Die Fenster standen weit offen, ebenso wie das Uhrfach der großen Standuhr in der Ecke. Die Vorhänge bauschten sich im Wind. Eine Scheibe war zerbrochen, Glassplitter lagen am Boden.

"**Either** Mrs Summer **has suddenly become** a very **sloppy** housekeeper, **or** somebody **has broken in**", meinte Jonathan mit an die Nase gelegtem Finger.

---

dead end Sackgasse
suddenly auf einmal
has become ist geworden
sloppy nachlässige
either ... or entweder ... oder
has broken in ist eingebrochen

"My gran is never sloppy." Jared bedachte Jonathan mit einem finsteren Blick.
"Maybe she **dusted** the grandfather clock and forgot to close the door? Or **perhaps** she was called to the telephone or something." Suchend schaute sich Josy im Zimmer um. "**Hang on** – where's the candlestick?", fragte sie.
Auch Jared ließ den Blick durchs Zimmer schweifen. "I don't know. It's usually on the piano."
Doch auf dem Klavier stand nichts.
"There was another candlestick on the table. That'**s missing**, too", stellte Jared verblüfft fest.
"Your grandmother **might have taken** the candlesticks to clean them", sagte Josy. Einen Einbrecher hätten wir doch sicher bemerkt, dachte sie. Außerdem fiel ihr kein Grund ein, warum jemand Kerzenständer stahl und so wertvolle Sachen wie die schöne Spieldosensammlung und die Jadefiguren in der Vitrine stehen ließ.
"No", widersprach Jonathan, der beim Fenster stand. "**Look**. There are **footprints** in the flowerbed under

---

dusted hat abgestaubt
perhaps vielleicht
Hang on. Warte mal.
is missing fehlt
might have taken hat vielleicht genommen
Look. Schau.
footprints Fußabdrücke

the window. Somebody must have jumped out that way."
Nun sahen auch Jared und Josy die Fußstapfen im Blumenbeet. Josy wurde ganz flau im Magen. "We should tell my mother."
Das taten sie. Sabine entfuhr ein kleiner Schreckensschrei, als sie die Nachricht hörte. Sie rief sofort bei der Polizei an.
Eine Stunde später traf ein Constable ein, der die Sache allerdings nicht ganz ernst nahm. Wer stiehlt schon Kerzenständer? "Don't worry. It was probably just **someone** playing a **prank**." Er blickte vielsagend zu Josy und Jared.

"No, it wasn't, I know it wasn't", widersprach Josy ärgerlich. Da der Constable sie aber immer noch zweifelnd ansah, wechselte sie erst einen Blick mit Jared, dann einen Blick mit Jonathan. Als beide ihr zunickten, erzählte sie die Geschichte vom gestohlenen Rubin. Den Geisterdetektiv verschwieg sie allerdings sicherheitshalber.
"So you see", endete sie. "There is a reason why somebody might want to steal our candlesticks."
Der Constable hatte sich während ihres Berichtes eifrig Notizen gemacht, nun klappte er sein kleines Büchlein zu. "We'll see what we can do", sagte er,

---

someone jemand
prank Streich

immer noch zweifelnd. “But I suggest you keep your eyes open and let us know if you find out something new.”
Jonathan verzog genervt den Mund und Josy war sich sicher, dass er dasselbe dachte wie sie. Natürlich würden sie aufpassen wie die Luchse.
Der Constable verabschiedete sich und Mrs Summer lief eilig ins Musikzimmer, um aufzuräumen. Jared half ihr dabei. Jonathan folgte den beiden, um nach Spuren zu suchen, und sah Partridge zu, der die Scheibe mit Zeitungspapier und Klebeband notdürftig ausbesserte. Am nächsten Tag würde ein Glaser kommen und eine neue Scheibe einsetzen.
“Diese Sache mit dem Rubin”, fragte Josys Mutter, “ist die auch wirklich wahr?”
“Ja, Mama, wenn ich es dir doch sage. Jared und ich haben in der Stadtbücherei von dem Diebstahl gelesen. Der Rubin wurde nie entdeckt. Ganz sicher ist er hier irgendwo versteckt.”
“Und woher weißt du, dass der Rubin im Leuchter gewesen sein könnte?”, fragte Sabine.
Josy wurde unbehaglich. Sie wollte ihre Mutter nicht anlügen. Also beschloss sie, die Wahrheit ein wenig zu dehnen. Denn dass sie das alles von einem lang verstorbenen Meisterdetektiv wusste, würde ihre Mutter sowieso nicht glauben.
“Im Museum haben wir einen Brief entdeckt, in dem sich der Dieb über den Privatdetektiv lustig macht.

Einiges in dem Brief war ganz seltsam geschrieben. Wir glauben, dass das ein Hinweis sein sollte. Und so kamen wir auf den Leuchter."
Sabine nickte. "Und dann habt ihr euch auf Schatzsuche begeben."
"Ja, aber wir kamen zu spät. Der Leuchter war weg."
"Tja, tut mir leid, mein Spatz. Aber ich glaube ehrlich gesagt nicht, dass man einen Rubin in einem Leuchter verstecken würde." Sabine stand auf.
"Da bist du nicht die Einzige", murmelte Josy.
"Hm? Was hast du gesagt?"
"Ich … ach nichts. Nur gute Nacht."
"Ja, es war ein langer Tag. Schlaf gut, Spätzchen."
Niedergeschlagen ging Josy in ihr Zimmer. Heute würde sie ohnehin nichts mehr ausrichten können. Sie konnte nur hoffen, dass der Dieb den Rubin noch nicht gefunden hatte, sonst würde Jonathan wohl nie von seinem Geisterdasein erlöst werden.

Die Suche nach dem 'Himmelsherz'

Als Josy am nächsten Morgen vor dem Spiegel stand und sich das Haar bürstete, hörte sie ein leises Rufen.
"Miss Josy?"
"Come in", sagte sie.
Jonathan schwebte herein und rief fröhlich: "Good morning. Are you ready **to continue** our search?"
Josy blickte ihn zweifelnd an. Inzwischen war sie sich nicht mehr sicher, ob es noch Sinn hatte, weiterzusuchen. "But the candlesticks **have gone**", sagte sie.
"Pah! Candlesticks", rief Jonathan abfällig. "I never thought the ruby was hidden in them. Will you help me to continue looking?"
Josy musste nicht lange überlegen. Schließlich gab es keinen Beweis dafür, dass der Rubin tatsächlich in einem der Kerzenleuchter versteckt gewesen war. Wer aufgibt, hat schon verloren, sagte ihre Mutter immer. Nein, sie würde nicht aufgeben.
Jonathan blickte sie immer noch fragend an.
"Yes, of course I'll help you. Let's go and find Jared."
Josy legte die Bürste weg und gemeinsam gingen sie hinunter in die Küche.

---

to continue fortzusetzen
have gone sind weg

Jared saß allein am Tisch und mampfte herrlich duftenden Frühstücksspeck mit Spiegelei. Jonathan leckte sich genüsslich die Lippen und klaute sich eine der Speckscheiben, als Jared nicht hinsah.
"**How come** you're always eating **whenever** I see you?", fragte Josy und grinste.
Jared kaute genüsslich, schluckte und antwortete lachend: "Maybe because I'm always eating! Do you want some breakfast? Gran is cleaning the house, but she made some **bacon** and eggs. They're **over there**."
Josy nickte, holte sich einen Teller und ging hinüber zur Küchentheke. Sie schaufelte sich eine große Portion Rührei auf ihren Teller und setzte sich neben Jared.
Jonathan trieb sich auffällig nah bei der Küchentheke herum. Wahrscheinlich, um einen Streifen Bacon zu stibitzen, dachte Josy und wunderte sich mal wieder darüber, wie viel Appetit Geister noch hatten.
"I've been thinking about the ruby", sagte sie zwischen zwei Bissen zu Jared. "I still want us to look for it. Jonathan doesn't think it was hidden in the candle-sticks. **What about** the sheets that Pinchington

how come wie kommt es, dass
whenever jedesmal, wenn
bacon Schinkenspeck
over there da drüben
what about was ist mit

talked about in the letter? We could **at least** have a look in the bedrooms."
"Sure", meinte Jared. "Let's start after breakfast."
"Jonathan, do you know which was Mr Pinchington's room?", fragte sie den Geisterdetektiv.
"Of course. But I've already searched that room hundreds of times."
"Well, let's have another look, anyway."
Nach dem Frühstück gingen sie gemeinsam in den zweiten Stock. Jonathan zeigte ihnen das Gästezimmer, in dem Mr Pinchington übernachtet hatte. Es sah fast so aus wie das von Josy: ein Bett, ein Schrank, eine Kommode und nebenan ein kleines Badezimmer.
"Okay, so … Here are sheets on the bed, but they won't be the ones from 1888. Maybe the bed has a hidden compartment?", meinte Josy hoffnungsvoll. "Like the one in your desk, Jonathan."
Jonathan schaute sie skeptisch an, sagte aber nichts, sondern setzte sich in einen Sessel. Die Kinder begannen, sich mit dem Bett zu beschäftigen. Sie drückten auf sämtliche Unebenheiten und Schnitzereien im Holz, jedoch ohne Erfolg. Sie suchten auch die Schränke und das Badezimmer ab, selbst den Schrank, in dem die Bettlaken aufbewahrt wurden – nichts! Enttäuscht ließ sich Josy aufs Bett sinken. Ihr Blick fiel auf eine große Standuhr in der Ecke.

---

at least wenigstens

“Pinchington **mentioned** a clock in his letter”, überlegte sie.
Jared nickte.
“And he didn’t have much time to hide the ruby”, fuhr sie fort.
Wieder nickte Jared und platzte ungeduldig heraus: “Yes, but **what’s your point?**”
“Maybe he hid it in the clock over there. Was it there in 1888?”, fragte sie Jonathan.
Diesmal übernahm Jonathan das Nicken.
“Well, let’s check it”, sagte Jared und machte sich gleich daran, die Standuhr auf Geheimfächer zu untersuchen. Er sah im Uhrenkasten nach und

prüfte sogar, ob das Juwel im Uhrwerk oder in einem Loch auf der Rückseite des Pendels versteckt war. Doch er fand nichts. Seufzend ließ er sich schließlich neben Josy aufs Bett fallen. “I don’t think the ruby is here.”
Jonathan hingegen sprang triumphierend auf. “Well, I’m sorry to say it, but I told you so.”
“Jaja”, murmelte Josy.
“**If only we’d** found a secret compartment here, too”, stellte Jared fest. “So what do we do now?”
“I don’t know”, antwortete Josy. “Any ideas?”

---

mentioned hat erwähnt
What’s your point? Worauf willst du hinaus?
if only we had hätten wir nur

Sie schaute fragend von Jared zu Jonathan. Jared schüttelte den Kopf, aber Jonathan sagte: "We should search the garden, as I've said from the **beginning**."

"But there are no sheets in the garden, and I'm sure there's a **reason** why he mentioned sheets in the letter", sagte Josy genervt.

"Well, maybe he meant a **sheet** of paper", meinte Jared. "But I still don't see how that would help."

Josy überlegte. Was konnte ein Papier mit einem Schlüssel zu tun haben? Da traf sie plötzlich der Blitz der Erkenntnis. "Of course!" Sie schlug sich an die Stirn. "What exactly did it say? Damn, I **left** the letter in my room!" Sie sprang auf, um den Brief zu holen, doch Jonathan hielt sie zurück.

"I know it **by heart**. It says: 'You can't hold a candle to me. Even if you look between the sheets and listen to the clock strike, you'll never find the key to the ruby.'"

"Right", sagte Josy. "That's what I thought. Key and sheets. What if he meant **sheets of *music***? 'Key' might mean the **key** the music is played in."

---

beginning Anfang
reason Grund
sheet *hier:* Blatt
left habe gelassen
by heart auswendig
sheets of music Notenblätter
key Tonart

Jared blickte sie skeptisch an. “But how would you hide a ruby in a sheet of music?”
“Not *in* a sheet of music – *between* them. There’s a **pile** of sheet music in the **cabinet** in the music room. Come on!”
Jonathan sprang begeistert auf. “That’s it! You’ve learned well from me, Miss Josy. I have to say I wish I’d thought of it first.”
Josy und Jared hatten Mühe, mit ihm Schritt zu halten, so schnell schwebte er ihnen voran ins Musikzimmer. Offenbar wollte er durchs Schlüsselloch der Vitrinentür hindurch direkt in den Notenblätterstapel hinein. Allerdings blieb er wieder einmal stecken.

Josy lachte. “You’re too fat. You should eat **less**”, meinte sie. “I didn’t think ghosts needed to eat?”
“They don’t”, sagte Jonathan und versuchte weiter, sich durch das Schlüsselloch zu zwängen. Doch er kam weder vor noch zurück. “But I can’t **resist**. The food is so **delicious**. Your grandmother is an excellent **cook**”, meinte er zu Jared.
Jared grinste erfreut über dieses Lob. “Can we help you?”

---

pile Haufen
cabinet Vitrine
less weniger
resist widerstehen
delicious köstlich
cook Köchin

"No, thank you." Jonathan wand sich hin und her. Sein Bauch wurde immer dünner, sein Kopf immer dicker – wie bei Knetmasse, die man in den Händen formt –, bis er schließlich mit einem Ruck aus dem Schlüsselloch flog und wieder vor ihnen stand.
"Wow, that's impressive. You can **stretch** like **chewing-gum**. Maybe that's because you like sweets so much", sagte Jared lachend.
"Yes, but I think you'**ve** actually **lost weight**. You couldn't **squeeze** through a keyhole when we first met", fügte Josy lächelnd hinzu.
"Thank you – you don't have to **remind me**", erwiderte Jonathan mit finsterem Blick.
Immer noch lächelnd öffnete Josy die Schranktür und holte den Stapel Notenblätter heraus. Es waren eine Menge DIN A3 große Blätter, alle leicht vergilbt und mit Noten bedeckt. Sie schauten sich jedes einzelne Blatt ganz genau an, vergeblich. Nirgendwo war ein Hinweis auf den Rubin zu finden.
"Maybe there's a secret compartment in the cabinet", meinte Josy, die einfach nicht aufgeben wollte. Sorgfältig tastete sie das Schrankinnere ab. Und tatsächlich – hinter dem Regalbrett fühlte sie zwar kein Geheim-

---

stretch sich dehnen
chewing-gum Kaugummi
have lost weight haben abgenommen
squeeze quetschen
remind me mich daran erinnern

fach, dafür aber ein gerolltes Stück Papier. Vorsichtig zog sie es heraus. Es war ein weiteres Notenblatt, die untere Ecke war abgerissen und am Rand klebte ein kleiner goldener Schlüssel mit spitzem Bart!

"Yippie! We've found our key", freute sich Josy.

Jonathan applaudierte ihr. "I would never have thought of that! Well done, Miss Josy. You're going to be a great detective when you're older."

"Now we just need to find out what it opens", antwortete Jared voller Tatendrang.

Der goldene Schlüssel

Josy zog nachdenklich die Nase kraus und betrachtete das Notenblatt. Irgendwo musste sich doch ein Hinweis befinden, in welches Schloss der Schlüssel passte? Vielleicht verbarg sich zwischen den Linien eine mit unsichtbarer Tinte geschriebene Botschaft, überlegte sie. Da schlug sich Jonathan, der ihr über die Schulter schaute, unvermittelt an die Stirn. "Of course! I'm so stupid. How could I miss it? It was so obvious." Wütend raufte er sich die Haare.

Josy schaute ihn verwundert an. "Miss what?"

Der Meisterdetektiv deutete auf das Notenblatt und sagte: "Remember the words of Pinchington's letter? 'Even if you listen to the clock strike …' He doesn't mean a clock that strikes the *hour* – he's talking about one that strikes ***notes***. We shouldn't be looking for a clock at all – it's a **musical box**! Lady Lavinia **collected** them. And she even told me that Pinchington **gave** her a musical box, because it was her birthday. Of course – that must be it! Oh, how could I've been so stupid!"

"Do you know which musical box it was?", fragte Jared.

---

notes Noten
musical box Spieluhr
collected hat gesammelt
gave hat geschenkt

"No, unfortunately not. We'll have to check them all", antwortete Jonathan und seufzte. "There must be about fifty. But we're very **close** now."
"Maybe we don't have to check them all", erwiderte Josy und wedelte mit dem Notenblatt.
"Yes", stimmte Jared zu. "We just need to find the one that plays the **tune** on the sheet."
"Good idea", lobte Jonathan, besah sich die Noten und fing an zu summen: "*Diddle-dum-di-di, diddle-dum-di-di, diddle-dum-di-dum-di-dum-di* … It **stops** there. There's no last 'di'. But it's the tune of **'Chopsticks'**."
Sie nahmen eine Spieldose nach der anderen aus der Vitrine, um sie abzuspielen, doch bei keiner erklang der Flohwalzer. Bei einer aber fehlte der Schlüssel. Sie war rund und aus dunklem Wurzelholz mit aufgemalten goldenen Noten. Auf einem Podest saß ein geschnitztes Männchen in altertümlicher Kleidung an einem schwarzen Klavier, und auf dem Klavier stand eine altmodische, verschnörkelte kleine Uhr!
Im Zifferblatt entdeckte Josy eine Öffnung. Sie steckte den goldenen Schlüssel hinein und hurra! Er passte. Erwartungsvoll zog sie die Uhr auf, der Flohwalzer erklang, doch dummerweise passierte sonst nichts.

---

close nah dran
tune Melodie
stops hört auf
'Chopsticks' 'Flohwalzer'

Jared und Jonathan unterzogen die Spieldose einer genauen Prüfung. Aber so sehr sie auch drückten und zogen und schauten – ein Geheimfach, in dem der Rubin verborgen sein konnte, fanden sie nicht.
Jared zog sie noch einmal auf, die Flohwalzermelodie erklang, doch sonst geschah immer noch nichts.
Natürlich nicht, dachte Josy. Dann hätte ja jeder den Rubin zufällig entdecken können.
Nachdenklich nahm Josy die Dose in die Hand. Das Wurzelholz rief ihr den Trick in Erinnerung, den Jonathan ihr mit seinem Geheimfach im Geheimfach vorgeführt hatte. Damals hatte er auf einen dunklen Fleck im Wurzelholz gedrückt. Und plötzlich kam ihr ein genialer Einfall. Was, wenn das auch mit den Noten auf der Spieluhr funktionierte? Der Spieluhrenschlüssel hatte ein spitz zulaufendes Ende …
Sie nahm sich das abgerissene Notenblatt und verglich es mit den Noten auf der Spieluhr. Es waren dieselben, allerdings waren auf der Spieluhr mehr Noten abgebildet als auf dem Notenblatt. Neugierig, ob ihr Experiment klappte, bat sie Jared um den Spieldosenschlüssel.
“Here”, sagte er und reichte ihn ihr. “What have you found?”
Vorsichtig tippte Josy mit der Spitze auf die erste Note auf der Spieluhr, die auf dem Notenblatt fehlte. Ein leises Klicken war zu hören, dann sprang der Klavierdeckel mit der Uhr tatsächlich leicht nach

oben. Als Josy ihn ganz aufklappte, stockte ihr der Atem. Auf schwarzem Samt funkelte eine wunderschöne Rubinbrosche.

"Oh wow! It's beautiful", rief Josy voller Bewunderung.

"**Well I never …**", stammelte Jonathan.

"Hey, you're a **master** detective", sagte Jared begeistert und legte Josy den Arm um die Schulter.

"Let's go and put it on Lady Lavinia's grave", sagte Josy, die tomatenrot angelaufen war.

Vor lauter Freude bemerkten sie nicht, dass jemand ins Zimmer gehuscht war.

Well I never. Na, so was.
master Meister

In Gefahr

"Hands up!", zischte es hinter ihnen. Erschrocken fuhren Josy und Jared herum. Vor ihnen stand Partridge. In der Hand hielt er eine kleine Pistole, die direkt auf sie gerichtet war.

"Now give me the ruby", forderte der Gärtner.

Josy ließ die Brosche unauffällig in ihre Jeanstasche gleiten und stellte sich dumm. "What ruby?"

"Don't play games with me", erwiderte Partridge. "I mean the ruby in your pocket. The Heart of Heaven."

Josy biss sich auf die Unterlippe. Verdammt, Partridge war schlauer, als sie angenommen hatte. Unsicher blickte sie zu Jared. Sein besorgter Gesichtsausdruck gab ihr zu verstehen, dass es zu gefährlich war, hier die Heldin zu spielen.

Josy seufzte und griff in ihre Hosentasche. So nah waren sie dem Ziel gewesen, so nah davor, Jonathan von seinem Fluch zu erlösen. Sie schaute Hilfe suchend zu Jonathan, der neben ihr stand.

"**Play for time while** I **catch** him", flüsterte er ihr zu. Er schwebte zu Partridge, stürzte sich auf ihn und … glitt geradewegs durch ihn hindurch und in die

---

Play for time. Versuch, Zeit zu gewinnen.
while während
catch schnappe

Standuhr in der Ecke hinein. "Damn! I hate being a ghost", fluchte er.

Partridge sah und hörte ihn zwar nicht, er schien aber einen kalten Luftzug zu spüren. Mit einem verdutzten Ausdruck im Gesicht fuhr er herum.

"Why should I give you the ruby?", fragte Josy, um ihn abzulenken.

Jared schaute sie entgeistert an. Partridge hingegen lachte nur und drehte sich zu ihr. "Because it's mine. My great-uncle Terence Pinchington died in jail for that ruby. It's only fair I should have it now. Give it to me!"

Der Typ hat doch nicht mehr alle Nadeln an der Tanne, dachte Josy. Langsam zog sie die Brosche aus der Hosentasche.

"So it was you who **broke** the vase, not the cat", sagte Jared. "You **followed** us. You were eavesdropping."

"Right", bestätigte Partridge. "I **tripped** over that damn cat when I was following you, but then I hid so that you didn't see me. I'**ve been keeping an eye on** you two since old Mrs Mortingsdale's Will was **read**, but you were too stupid to notice. Then Mr

---

broke zerbrochen hat
followed sind gefolgt
tripped bin gestolpert
have been keeping an eye on habe im Auge behalten
read verlesen

Mortingsdale **saw** me in town and thought he'd give me a **lecture** about where I should be **during** my **working hours**! None of his business now, I told him."

"And it was you who **stole** the candlesticks, too?", schlussfolgerte Jared.

"Yes, but of course the ruby wasn't in them. Now give it to me, or I'**ll shoot**!" Er fuchtelte wild mit der Waffe herum.

Josy sah, wie Jonathan mühsam versuchte, sich wieder aus der Standuhr herauszuzwängen. Durch Gegenstände zu gehen ist wirklich nicht seine Stärke, dachte sie, während der Geisterdetektiv sich wie eine Schlange durch den schmalen Spalt am Uhrenkasten wand. Vor Anstrengung flimmerte er feuerrot und sein Zwirbelbart zitterte.

Josy hielt Partridge den Rubin hin.

"What about the book?", fragte sie, um Zeit zu schinden. "Was it you who put the book with Jonathan Smartypants' **picture** on the table in the morning room?"

---

saw hat gesehen
lecture Vortrag
during während
working hours Dienstzeit
stole gestohlen hat
will shoot werde schießen
picture Bild

"Of course it was. I was sure the ruby must still be here **somewhere**. I'd already searched the garden, except for the pavilion. For a long time I thought it might be hidden in or near it, but it wasn't. Which meant it could only be in the house. But I couldn't search there – people would **get suspicious**. So I put the book on the table so *you* would want to look for the **brooch**. I decided I'd keep an eye on you and take it from you **as soon as** you found it."
"But the book disappeared", stellte Josy fest.
"No, it didn't. I took it back, when you left. I'm **just as** clever as my great-uncle, you see, so don't try **to fool** me", brüstete sich Partridge und machte einen Schritt auf sie zu.
"Have you really been looking for the ruby **for** twenty-five years?", fragte Josy.
Partridge schnaubte. "Don't be ridiculous. I only found out about it this spring. I found a letter from my great-uncle in the attic at home. Unfortunately he didn't say where the brooch was hidden; he only apologized to my great-grandmother for bringing

---

somewhere irgendwo
get suspicious Verdacht schöpfen
brooch Brosche
as soon as sobald
just as genauso
to fool auszutricksen
for seit

shame on the family. But he did say that that idiot of a detective never found it."

"Oh, I'll teach him to call me an idiot!", schimpfte Jonathan und zappelte wild hin und her. "As soon as I **get out of** this stupid clock!"

Partridge machte noch einen Schritt auf Josy zu und fuchtelte bedrohlich mit der Waffe vor ihrer Nase. "Enough questions. Give me the ruby", knurrte er. Da Josy seiner Aufforderung nicht gleich folgte, hob er die Waffe in die Luft und drückte ab. Peng! Die Kugel streifte den Kronleuchter und schlug in die Decke ein. Erschrocken warfen sich Josy und Jared auf den Boden. Putz rieselte auf sie herab.

Josy war weiß wie die Wand. Ihr Herz schlug rasend schnell.

In diesem Augenblick flog die Tür auf und Sabine stürzte ins Zimmer, gefolgt von Mrs Summer.

"What on earth …", rief Josys Mutter. Dann sah sie die Waffe und blieb wie angewurzelt stehen. Mrs Summer schrie auf. Partridge wirbelte herum und richtete die Waffe nun auf die beiden Frauen. "Ah, the lady of the house and my favourite cook. Go on, go and join your **brats**", sagte er und deutete mit der Waffe zur Wand.

---

shame Schande
get out of herauskomme
brats Gören

Verängstigt folgten die beiden seiner Anweisung. Sabine legte schützend den Arm um Josy, die sich wieder aufgerappelt hatte.
"Now give me the ruby!", knurrte der Gärtner.
Josy trat einen Schritt vor und reichte ihm die Brosche. Sie hoffte inständig, dass es Jonathan doch noch irgendwie gelingen würde, Partridge aufzuhalten. Aber der Detektiv steckte immer noch bis zur Hüfte im Uhrenkasten.
"Thanks for doing all the work for me, girl. Don't move **until** I'm gone." Mit langsamen Schritten ging Partridge rückwärts zur Terrassentür.
Mit einem leisen *Plopp* zischte Jonathan endlich aus der Standuhr. Wie der Blitz schwebte er auf den Gärtner zu, stürzte sich mit aller Wucht von hinten auf ihn und … glitt wiederum geradewegs durch ihn hindurch. "Damn! Why **do I pass through** things when I don't want to, and can't pass through them when I do?", fluchte er.
Offenbar irritiert von dem kalten Windhauch, drehte sich Partridge um. Ohne zu überlegen, rannte Josy los und gab ihm einen Schubs. Partridge geriet ins Stolpern, und dabei fiel ihm die Waffe aus der Hand. Rasch griff Josy danach. Doch der Gärtner war schneller. Er packte sie am Arm und hielt sie fest.

---

until bis
do I pass through gleite ich durch

Während Josy verzweifelt versuchte, ihm in die Hand zu beißen, sprang ihm Jared in den Rücken. "**Leave** Josy **alone**!", brüllte er und hieb wütend auf Partridge ein.
Doch der Gärtner ließ nicht locker. "Don't move or you'll be sorry", drohte er und richtete die Waffe wieder auf Josy.

---

leave lassen Sie
alone in Ruhe

Was nun?

Josy machte sich vor Angst fast in die Hosen, denn Jared blieb nichts anderes übrig, als Partridge loszulassen, und auch Sabine und Mrs Summer verharrten regungslos auf der Stelle.

"Ah, Sabine, there you are! The front door was open." Unvermittelt trat Edward ins Zimmer. Partridge wirbelte herum. Edward sah die Waffe in seiner Hand und handelte im selben Augenblick. Er versetzte ihm einen gezielten Tritt, worauf die Pistole ein paar Meter weit wegflog, dann einen Handkantenschlag, der den Gärtner mit einem "Hurgh" erneut zu Boden gehen ließ. Hastig griff Sabine sich die Waffe, während sich Edward mit Schwung auf Partridge stürzte.

"Puh!" Josys Knie waren weich wie Watte. Nur zu gern ließ sie sich von ihrer Mutter in den Arm nehmen, während Jared Edward half, Partridge am Boden zu halten. Derweil holte Mrs Summer ein Seil, und mit vereinten Kräften fesselten sie den Übeltäter.

Anschließend rief Sabine die Polizei.

Josy erzählte dem verblüfften Constable von dem Überfall und wie sie die Heart-of-Heaven-Brosche gefunden hatten. Jonathans Anwesenheit verschwieg sie allerdings erneut. Es hätte ihr ohnehin niemand geglaubt.

Nachdem die Polizei Partridge festgenommen und fortgeschafft hatte, bedankte sich Sabine bei Edward für seine Hilfe.
"I didn't know you did karate", sagte sie.
"I don't. I just like Jackie Chan movies" erwiderte er. "Listen. I came to talk to you about the house."
"Oh no, not again", seufzte Sabine. "Look, Edward, I **won't give** it **up**. **If necessary**, I'll see you in court. But if you promise not to **sue** me, I'**ll** sell the ruby and **share** the money with you."
"Fine. **It's a deal**", erwiderte Edward. Zufrieden lehnte er sich in seinem Sessel zurück. "The estate **is no good to** me, anyway. Somebody wants to put a **preservation order** on the house, so I probably won't be able to pull it down. Maybe I'll find a better place for a hotel right in the middle of Brighton."
"Oh!", sagte Sabine. "That's good news. So I'll have my bed and breakfast **after all**!"
"Oh, I don't think so", erwiderte Edward ein wenig schadenfroh. "You'**re not allowed** to change a thing

---

won't give up werde nicht aufgeben
if necessary wenn es sein muss
sue verklagen
will share werde teilen
It's a deal. Abgemacht.
is no good to ... nützt ... nichts
preservation order Denkmalschutz
after all doch
are not allowed darfst nicht

until the **authorities** have made a **decision** about the preservation order. That could **take** years. And if they do decide to make it a **listed building**, you certainly won't be allowed to change anything", gab er zu bedenken.

"I don't want to change anything", erwiderte Sabine lächelnd. "It's perfect as it is. I hope Mrs Summer will help me **entertain** our guests. All I have to do is find a new **gardener**."

"Oh, **I'd be delighted**", freute sich Mrs Summer und machte ihrem Namen zum ersten Mal alle Ehre. Wie die Sonne im Sommer strahlte sie übers ganze Gesicht, während sie Jared auf nicht vorhandene Schrammen untersuchte.

"Well, I just came to tell you that I'm not going to sue you after all. Let me know when you'**ve sold** the ruby", sagte Edward und verabschiedete sich.

Josy blickte zu Jonathan, der mit bedröppelter Miene in einer Ecke des Zimmers schwebte. Vorhin hatte er ihr zugeflüstert, dass es ihm außerordentlich leid täte,

---

authorities Behörden
decision Entscheidung
take dauern
listed denkmalgeschütztes
building Gebäude
entertain bewirten
gardener Gärtner
I'd be delighted. Ich würde mich freuen.
have sold verkauft hast

mit seiner Ungeschicklichkeit mehr Schaden als Nutzen angerichtet zu haben.
“Mama”, sagte Josy nun. “Können wir mit dem Rubin kurz zu Lady Lavinias Grab gehen? Ich möchte ihr gerne sagen, dass wir ihn wiedergefunden haben. Er hat ihr ja mal gehört.”
Ihre Mutter sah sie kurz verblüfft an, stimmte aber zu. “Na schön, wenn du meinst. Hast du etwas dagegen, wenn ich hierbleibe und mit Mrs Summer eine Tasse Tee auf den Schreck trinke? Sie meint, Tee sei in einer solchen Situation genau das Richtige.”
“Nein, ist schon in Ordnung.”
Gemeinsam mit Jared ging Josy zur Familiengruft auf dem nahe gelegenen Friedhof. Jonathan schwebte in einigem Abstand hinter ihnen her.

Das Versprechen

"Hey, Jonathan, don't look so sad." Josy und Jared blieben stehen und lächelten dem Meisterdetektiv aufmunternd zu. "You've got every reason to be happy", meinte Josy. "You've solved the case **at last**!"

"Yes, with your help." Der Meisterdetektiv lächelte schwach. "But I **put** you **in terrible danger**. I'll never **forgive** myself."

"You didn't know what **would happen**. Anyway, nobody got **hurt** and it was a great **adventure**, so please do**n't** be sad **any more**", bat Josy.

"Yes", stimmte Jared zu. "I've always dreamed of catching a thief. Thank you, Jonathan. You made my dream **come true**."

Dies entlockte auch Jonathan ein Lachen. "You're great detectives, both of you. You could **follow** in my **footsteps**. Of course, that won't be easy."

---

at last endlich
terrible schreckliche
put in danger habe in Gefahr gebracht
forgive verzeihen
would happen geschehen würde
hurt verletzt
adventure Abenteuer
not any more nicht mehr
come true wahr werden
follow *hier:* treten
footsteps Fußstapfen

"Of course not – you're a real smartypants", sagte Jared und grinste.
"And you're a bit of a **clever clogs** – very **cheeky** for your **age**", gab Jonathan lachend zurück. "But very **brave**, too", fügte er anerkennend hinzu.
Josy war froh, dass der Geisterdetektiv zu seinem alten Selbst zurückgefunden hatte. Grinsend lief sie zwischen ihm und Jared zum Friedhof. Sie schritten die Reihen mit Grabsteinen ab, bis sie Lady Lavinias und Sir Reginalds Grab fanden. In den mit Moos überwachsenen Stein war ein Engel gemeißelt, der die Flügel schützend über die Namen der beiden breitete.
"Well, here we are", meinte Jonathan. "I hope it **works**."
"It will", gab Josy zuversichtlich zurück. Sie schauten sich schweigend an. "It was very nice to meet you", sagte Josy. "I hope you'll be happy in Heaven."
"Oh, I'm sure I will be", erwiderte Jonathan. "And you can be sure I'**ll be watching over** you."
"At least we'll have all the muffins **to ourselves** now", sagte Jared mit einem schiefen Lächeln.

---

clever clogs Besserwisser
cheeky frech
age Alter
brave tapfer
works funktioniert
will be watching over … werde über … wachen
to ourselves für uns

Mit einem Kloß im Hals legte Josy den Rubin behutsam auf das Grab. "Lady Lavinia – Mr Smartypants has found the ruby for you", sagte sie.
Kaum berührte die Brosche die kühle Erde, erschien ein gleißendes Licht über dem Grab und eine weiche, weibliche Stimme sagte: "Oh Jonathan, I knew it. Thank you. You **kept** your promise. You really did solve the case."
Jonathan verbeugte sich tief. "Always at your service, my lady", sagte er.
Das Licht wurde noch etwas heller und formte sich zu einer golden schimmernden Brücke, die hoch hinauf in den Himmel führte. Jonathan wandte sich an Josy und Jared. "It looks as if it's time to go, I'm afraid. I hope we'll meet again on the **other side**."
"We'**ll miss** you", meinte Josy und Jared nickte bekräftigend.
"Goodbye – enjoy your lives", sagte Jonathan.
"Goodbye, and enjoy your **retirement**", erwiderte Josy.
Jonathan nickte und drehte sich um. Josy glaubte zu sehen, dass er sich eine glitzernde Träne aus dem Augenwinkel wischte.

---

kept haben gehalten
other anderen
side Seite
will miss werden vermissen
retirement Ruhestand

Auch ihr stiegen Tränen in die Augen, als sie ihm nachschaute. Jonathan winkte. Er wurde kleiner und kleiner und war schließlich nicht mehr zu sehen. Gleich darauf erlosch das Licht, als hätte es jemand ausgeknipst.

Überraschender Besuch

Ein Monat war seit Jonathans Abschied vergangen. Während Partridge im Gefängnis auf seine Gerichtsverhandlung wartete, plante Josys Mutter mit Mrs Summer begeistert die Eröffnung des Bed and Breakfast.

Josy war immer noch ein wenig traurig, dass Jonathan nun für immer gegangen war. Doch Jared tat weiterhin sein Bestes, um sie abzulenken. Sie besuchten gemeinsam den Royal Pavillon in Brighton, wanderten den Pier mit seinen Vergnügungsständen entlang und erkundeten das Sea Life Centre. Besonders die Haie und die Rochen fand Josy klasse. Sie waren sogar im Meer baden gewesen. Jared hatte ihr den Strand in Pyeville gezeigt, er lag keine fünf Minuten von Pyeville Manor entfernt. Leider war es ein Kiesstrand, aber man konnte ja nicht alles haben. Einen Tag noch und die Ferien waren zu Ende und Josy würde mit ihrer Mutter erst einmal nach Deutschland zurückkehren, um ihre Wohnung aufzulösen und alles für ihren Umzug nach England in die Wege zu leiten. Beim Mittagessen in Mrs Summers Küche stocherte sie trübsinnig in ihrer Nudelsuppe – da formten die Nudelbuchstaben plötzlich einen Satz: "Come to the drawing room."

Josy schaute fasziniert auf ihren Teller, dann auf Jared, der ihr gegenübersaß und seine Suppe löffelte.

"Something wrong?", fragte er.
"No." Gebannt starrte sie auf die Nudelsuppen-Erscheinung. Die Buchstabennudeln formten sich bereits zu einem neuen Satz: "**Hurry**", las Josy und gleich darauf: "Drawing room. You and Jared. Now."
Josy schob ihren Teller zurück. "Let's go to the drawing room, Jared."
"Now? What for?", fragte er zurück.
"I don't know. My **noodles** just told me to go to the drawing room."
Jared lachte lauthals los. "Very funny. Well, my bread says: eat your soup first."
"Ha ha", erwiderte Josy. "Well, if you don't want to, I'll go **without** you." Abrupt stand sie auf. Sie wollte auf alle Fälle nachschauen. Zur Not dann eben ohne Jared.
"Okay, Josy – we'd better do what your noodles say", sagte Jared, lächelte und stopfte sich noch ein Stück Brot in den Mund, bevor er aufstand und ihr in den Salon folgte.
An der Tür blieb Josy verblüfft stehen.
"Jonathan!", rief sie freudig. In der Mitte des Zimmers stand der Geisterdetektiv in seiner Zebrastreifenhose und zwirbelte seinen Zwirbelschnurrbart.

---

hurry beeile dich
noodles Nudeln
without ohne

"Ah, good day to you Miss Josy, Master Jared. So you **read** my noodle telegram. Excellent", sagte er fröhlich. "As you can see, I'm much better at materializing now. I can move heavier objects, too – and look …"
Sie schauten zu, wie Jonathan mühelos durch ein Schlüsselloch im Schrank verschwand und gleich wieder auftauchte. Danach ließ er eine Vase schweben und fing sie mit sicherem Griff auf, gerade als Josy dachte, sie würde gleich auf dem Boden zerspringen.
"Bravo!" Jared klatschte und Josy stimmte mit ein.
"I met a ghost in Heaven who **taught** me how to do it", erklärte Jonathan. "I've been practising **a lot** and as you know, **practice makes perfect.**"

Josy schmunzelte. Jonathan hatte sich tatsächlich kein bisschen verändert. Er war immer noch so selbstbewusst und eingebildet, wie sie ihn kennengelernt hatte. Aber sie wusste ja, dass er eigentlich ein netter Mensch – äh, Geist und diese Angeberei nur eine Marotte von ihm war.
"It's good to see you again", sagte sie. "What are you doing here?"
"Well, I came to visit."
"How nice. How long can you stay?", fragte Josy.

---

read habt gelesen
taught beigebracht hat
a lot viel
Practice makes perfect. Übung macht den Meister.

Jonathan legte bedächtig die Fingerspitzen aneinander. "I hope you won't be angry with me. I'd like to stay forever, **if you don't mind**."

"Forever?" Josy ließ sich auf einen Sessel fallen. "Don't you like it in Heaven?"

"Well, to be **honest**, no, I don't. It's **quite** boring." Der Geisterdetektiv schwebte im Zimmer auf und ab. "There's nothing for me to do. No **crimes** to solve at all. I ca**n't even** read detective stories **to pass the time**. They don't have any. **Can you imagine**?", empörte sich Jonathan.

Jared grinste. "Sounds pretty boring to me."

"Yes, that's what I told them. Boring. So my guardian angel asked me what I would like him to do about it, and I said he should send me back to Earth so that I could solve crimes again. But I'm only allowed to stay if you accept me as your guardian angel, Miss Josy – and if you do, I cannot **leave** Earth until you do. So my visit will be a long one, I hope."

Josy war froh, Jonathan wiederzuhaben. Sie hatte ihn vermisst und außerdem konnten sie nun für ihr Bed

---

if you don't mind wenn es euch nichts ausmacht
honest ehrlich
quite ziemlich
crimes Verbrechen
not even nicht mal
to pass the time um die Zeit zu vertreiben
Can you imagine? Könnt ihr euch das vorstellen?
leave verlassen

and Breakfast mit einem echten Hausgeist werben. "Of course you can be my guardian angel, and you can stay as long as you like", sagte sie. "But there is one **condition.**"
"What's that?", fragte Jonathan misstrauisch.
"If there's a crime, we want to help you solve it."
"Right! We want to be your **assistants**", stimmte Jared zu.
"Is it a deal?"
"Deal", sagte Jonathan.
"Deal", meinte auch Jared.
"Great!", sagte Josy. "Oh – and promise you won't steal any more muffins. I'll ask Mrs Summer to make you your own."
"**Promise**", versprach Jonathan mit feierlicher Miene und machte das Kreuzzeichen über dem Herzen. "And as you know, I always keep my promises."

---

condition Bedingung
assistants Assistenten
Promise. Versprochen.